CRISTAL D'ÉVEIL

6, rue Régis – 75006 Paris
Tél. 01 42 22 56 84 - Fax : 01 42 22 65 62

Imprimé en France

I.S.B.N. 2-84197-270-4

DOMINIQUE COQUELLE

CRISTAL D'ÉVEIL

NOUVEAU GUIDE PRATIQUE D'UTILISATION DES CRISTAUX

Éditions
TrajectoirE

La naissance en ce monde
est la mise en sommeil
de nos facultés divines.
Pourquoi attendre la mort
pour les réveiller ?

URIS 4

Un jour, mon oncle, fier montagnard et grand amoureux des cimes, m'offre un cristal de roche pour me consoler de ne pouvoir m'emmener sur les sommets. J'ai seulement 7 ans et je ne supporterais pas l'effort des longues marches d'approche sous le soleil de juillet, et à coup sûr, il le sait, je terminerais sur ses épaules.

Ce cristal qu'il m'a ramené, quelle merveille, quelle lumière ! On dirait un morceau de glacier transparent, aussi solide qu'un roc et élancé comme une des aiguilles qui découpent le ciel à l'horizon. Mais à l'intérieur, c'est aussi complexe qu'un univers, comme celui que mes quelques années vont avoir à gérer.

Ce jour d'été, je découvre le monde des cristaux, et c'est complètement guidé par mon intuition que je me sens ensuite porté vers eux. Quelques années plus tard, je prends conscience de l'importance que le cristal peut jouer dans ma démarche.

Je suis alors en Inde, et voyage à pied sur les hauts plateaux himalayens, passant d'une vallée à l'autre par les cols enneigés à 5000 m d'altitude. J'aime tant vivre là, l'air est si pur, la montagne si forte et l'eau si froide. Cet environnement, où l'être humain peut à peine survivre, semble aussi être à la porte d'une autre réalité, où l'esprit se désenclave des contingences matérielles.

Parfois la solitude fait place à la rencontre, et j'aperçois au loin, à plusieurs kilomètres, une petite silhouette perdue dans l'immense vallée qui se rapproche lentement.

On a le temps de se sentir, de s'apprécier, de se préparer. Au point de jonction de nos deux routes... Un sourire illumine sa figure, je souris de même. C'est un yogi en pèlerinage.

Nous nous asseyons et allumons un feu pour le thé, avec pour seuls témoins le ruisseau moussu qui serpente entre les fleurs, les sommets qui nous regardent, et les aigles très haut dans le ciel qui tournoient en longues spirales coulées.

Il sort de son petit sac un cristal qu'il m'offre comme présent de bienvenue. Alors à cet instant, notre réalité bascule, j'entends la roche "chanter", les montagnes deviennent vibrantes et sonores, le cristal dans ma main accorde sa fréquence, et mon corps de même participe à cet univers de vibrations. J'entends chanter la planète, le soleil et les astres, chacun sur une harmonique différente. C'est une symphonie de sphères où chaque particule et chaque galaxie sont en résonance. J'ai la vision des corrélations entre l'univers et les plans de lumière et je perçois la source unitaire à l'intérieur du monde manifesté.

C'est après de nombreux voyages au Brésil, aux États-Unis et en Asie que je peux arriver à mentaliser les éléments de cette expérience qui est venue comme un cadeau du ciel.

Un soir, une amie me conduit à travers les rues de Paris dans une maison où je rencontre IJP. Appel-Guéry. Cet instant demeure inoubliable et il est le début d'une longue amitié. À son contact, avec ses conseils et avec l'aide des hiérarchies supérieures, un cristal intérieur s'élabore lentement en moi, aussi bien qu'au centre du groupe de recherche auquel je me suis joint.

Aujourd'hui le voyage continue, et le désir de partager cette riche expérience me guide sur ces lignes.

INTRODUCTION

À notre époque, de plus en plus nombreuses sont les personnes qui s'ouvrent à une nouvelle vision d'elles-mêmes, de leur environnement et de l'univers.

Au-delà des traditions et des rites, existe une connaissance de la gestion de l'énergie vitale et spirituelle. Cette connaissance, longtemps tenue secrète par les initiés ou transmise à l'abri de temples et de monastères, est aujourd'hui de plus en plus accessible à tous. Chacun peut transformer sa vie tout de suite et développer sa conscience des interactions qui existent entre les différents règnes, les différents plans de vibrations et les différentes dimensions.

Ces interactions sont naturelles et automatiques ; ce sont les cycles de la vie : “les écosystèmes”. Mais pour que ces différentes dimensions puissent se réaccorder, il faut l'intervention de la volonté et de la conscience. Pour appliquer cette volonté, il faut le désirer, et souvent le non-désir qui émaille notre vie nous fait insidieusement avorter toutes nos tentatives vers un mieux-être et une harmonie.

Il y a quelques mois, j'ai éprouvé un plaisir immense en lisant dans une revue de santé les dernières découvertes et conclusions du docteur Moirot à propos du cancer : le cancer serait, d'après ses travaux, d'origine psychosomatique, et serait une autopunition, une autodestruction commandées par le système immunitaire qu'il a baptisé : "effecteur du cerveau". C'est une intuition que j'avais depuis plus de vingt ans et qui m'a été confirmée par de nombreux médiums : "Le cancer provient d'un déséquilibre grave des corps subtils."

Maintenant, que penser d'une société qui cultive ce type de déséquilibre entre ses différents corps spirituel, mental, astral et physique ? Une société, dont les différents individus coupent les relations entre eux et vivent égoïstement sans tenir compte de l'ensemble des composantes de l'harmonie, se cancérise ; c'est-à-dire, qu'elle crée des centres de développement anarchique.

Le grave danger qui nous guette ne date pas d'aujourd'hui. De même, une personne commence à développer son cancer bien avant que celui-ci n'apparaisse, alors que les symptômes se multiplient... Heureusement, la solution jaillit comme une urgence : réorganisons-nous pour la survie de l'ensemble.

Le passage de la conscience individuelle à la conscience collective est le deuxième plus grand défi que nous pose l'univers. Le premier était de survivre physiquement sur cette merveilleuse planète en étant le plus fort ; mais cela ne suffit plus.

Prenez par exemple le cristal, dont la perfection nous coupe le souffle. Croyez-vous qu'il est ce qu'il est, sans une rigueur et une organisation ? Pensez-vous que, si les différents atomes avaient créé des poches indépendantes et conflictuelles, ce cristal pourrait être cohérent et transparent ? Certes non. Le cristal est l'être le plus évolué du plan minéral, car son organisation atomique est telle que la lumière le traverse.

La Terre est un être vivant. La conscience écologique fait peu à peu son chemin, même si les plus grands pollueurs la récupèrent pour se blanchir. L'écologie n'est cependant que le premier niveau d'une prise de conscience plus vaste qui doit déborder du monde formel. Ce sera une écologie vibratoire, une écologie entre les différentes dimensions et dont nous serions le médium, le gestionnaire avisé.

Mais nous, humains, sommes encore loin, globalement, de cette sagesse quelle que soit la manière dont se manifeste notre folie :

- en agressant la nature par la pollution ou le pillage des ressources
- en agressant notre corps par des toxines et notre âme par le stress et des plaisirs pervers
- en agressant notre voisin parce qu'il est plus riche ou coloré de peau, ou différent de croyance...

Cette folie a une seule et même raison, commune à ces trois manifestations. C'est notre INCAPACITÉ À CONTRÔLER notre pulsion profonde de destruction et de peur et notre instinct de survie. Ces pulsions jaillissent dans notre moelle épinière et dans notre cerveau reptilien sans que nous ayons pu les filtrer, les contrôler, et les rendre compatibles avec une pensée et une action justes en cohérence avec l'ensemble.

Et ceci nous le savons tous, ce n'est pas nouveau, mais il y a une frontière énergétique en dessous de laquelle l'humain ne peut plus penser correctement, il ne peut plus utiliser la sagesse ou la morale qu'il possède car il n'a plus d'informations, il est déconnecté, comme un ordinateur fou.

Notre principal souci doit être de nous reconnecter, de maintenir et de renforcer la liaison entre notre mental et une dimension qui nous inspire, pour que nous puissions affirmer avec pérennité cet équilibre entre la conscience et la puissance.

En ce moment, les découvertes dans tous les domaines (physique, technique, médical...) doublent tous les trois ans. Et déjà le déséquilibre amorcé sur la planète provient en partie du développement d'une science aveugle et sans conscience. C'est une courbe de croissance exponentielle qui va dans très peu d'années nous faire faire un bond fantastique dans le futur et nous avons besoin d'une conscience prodigieuse pour avoir une vision à long terme qui nous permette d'orienter ces choix et de canaliser ce bouillonnement créatif. L'accélération du rythme des découvertes nous laissera à peine le temps de réparer les erreurs. Dans notre état actuel, nous pouvons seulement réajuster sensiblement la direction du processus.

Nous avons un besoin urgent d'ouvrir notre conscience à une vision de l'univers aussi bien intérieure qu'extérieure à nous-mêmes. Pour participer à cet éveil planétaire, de nombreuses personnes, seules ou en groupe, tentent de modifier la conscience collective en inspirant les générations actuelles ou futures au travers de films, de livres et de reportages.

Cristal d'éveil s'inscrit dans cette tentative, et vous invite à voyager dans le monde magique du cristal et de l'énergie. Il aborde l'utilisation des cristaux en thérapie et en méditation par une étude précise des chakras, des différents corps et des auras. De nombreux exercices de visualisation vous permettront de restaurer votre vitalité, votre harmonie intérieure et votre bonheur. Vous y trouverez aussi différentes techniques pour guérir les autres à l'aide de votre énergie amplifiée par le cristal.

Ce livre aux multiples facettes vous permettra de reconstruire votre cristal intérieur, relais indispensable pour communiquer avec la Conscience cosmique.

Premier chapitre

APPROCHE DU MONDE DU CRISTAL

I. GENÈSE DU CRISTAL

Le règne minéral est le plus répandu sur notre planète et beaucoup de choses proviennent des minéraux : les métaux, les végétaux, les plastiques, les carburants, etc.

Pour comprendre d'où vient le cristal et comment il se forme, nous devons faire un voyage dans le temps, aux origines du monde.

Le Big Bang fut une extraordinaire explosion d'énergie. Cette théorie n'est plus contestée aujourd'hui grâce à la confirmation du satellite *Cobe* qui enregistra le bruit de fond fossile que l'on retrouve dans tout le vide spatial. Depuis environ quinze milliards d'années, l'univers continue de s'expanser, entraînant avec lui tout ce qui le compose. La matière première, constituée de nuages gazeux d'hydrogène généra les premières galaxies, puis les premières étoiles.

Même si le temps de vie d'une étoile nous paraît infini, ces premières étoiles géantes moururent et libérèrent dans le cosmos les éléments lourds de leur noyau sous forme de poussière.

Il y a quelques milliards d'années, dans notre galaxie, une planète voyait le jour, par l'attraction de ces poussières d'étoiles. Mais au début, la viscosité et la rotation de la Terre firent descendre en son centre les éléments lourds, essentiellement constitués de nickel et de fer, qui formèrent son noyau.

Autour de ce noyau on trouve le manteau, couche d'environ 2900 km d'épaisseur. Le manteau est maintenu à l'état plastique par la fusion du noyau, c'est-à-dire qu'il ressemble à une pâte molle, et autour du manteau on trouve la croûte terrestre qui est relativement très fine comparée à la masse du globe. Elle est constituée de roches, qui elles-mêmes sont composées d'un ou de plusieurs minéraux.

Les roches peuvent être de trois sortes :

- volcaniques
- métamorphiques
- sédimentaires

• Roches volcaniques

Elles sont issues du magma, qui est dans un état fluide, et remontent par les fissures de la croûte terrestre. Elles sont de deux types :

- les roches volcaniques extrusives qui sont de tous les types de lave volcanique, depuis la pierre ponce très tendre jusqu'aux basaltes très durs. Ces roches sont expulsées lors des éruptions et se refroidissent très rapidement.

- les roches volcaniques intrusives qui s'infiltrent dans la croûte terrestre mais ne peuvent trouver un chemin jusqu'à la surface et subissent un refroidissement beaucoup plus lent. C'est dans ce type de roche que se forment les cristaux.

• Roches métamorphiques

Ce sont des roches diverses, soit sédimentaires, soit volcaniques, soit même métamorphiques qui ont subi une transformation, une métamorphose due à de nouvelles élévations de pression et de température qui les ont modifiées profondément.

Il existe aussi une métamorphose de contact : par exemple, une roche volcanique en fusion, en arrivant dans une autre roche constituée, la réchauffe et la recristallise.

• Roches sédimentaires

Elles proviennent de l'érosion par le vent, la pluie, et la mer et s'accumulent par sédimentation au fond des océans, comme c'est le cas de la craie ou du calcaire du Bassin parisien, où l'on peut retrouver les fossiles d'animaux marins.

Le pourcentage de silice dans les couches internes est extrêmement important, et il est associé à du magnésium, à de l'aluminium et à quelques autres constituants (figure 1).

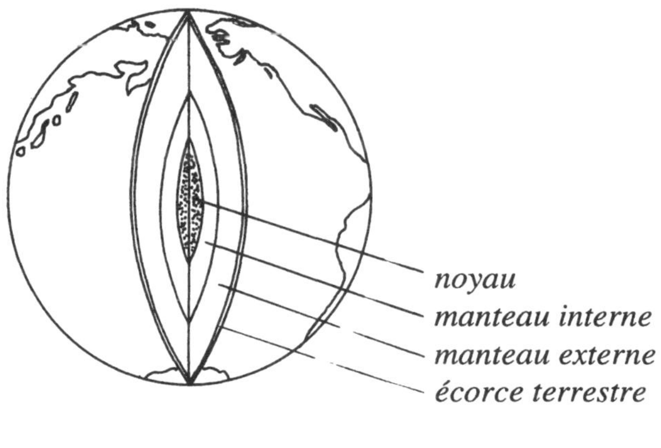

Figure 1 : couches profondes de la planète

La silice qui provient du manteau est expulsée vers la surface par les fortes pressions en suivant les fissures qui se créent dans la couche terrestre. En remontant, cette silice rencontre de la vapeur d'eau bouillant à plusieurs centaines de degrés.*

Ainsi se crée la rencontre symbolique du feu et de l'eau qui donne naissance au quartz. Mais il faut la présence d'une bulle de gaz, qui crée une cavité dans la silice pâteuse, pour que les cristaux puissent pousser séparément.

Un atome de silice se combine avec deux atomes d'oxygène de l'eau, et libère l'hydrogène formant ainsi le dioxyde de silice (SiO_2) qui est toujours pâteux à ce moment-là. La cavité de cette bulle de gaz, ainsi que la veine de silice, est appelée pegmatite (figure 2).

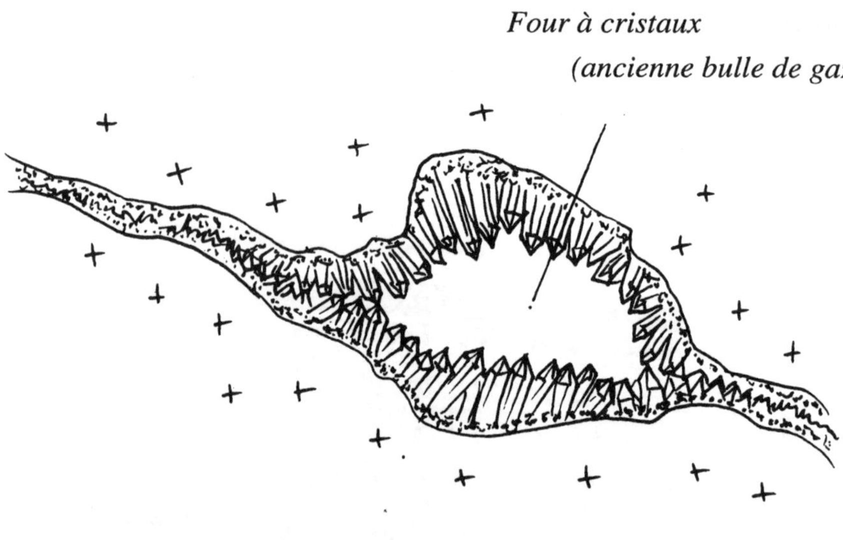

Figure 2 : pegmatite de quartz

* *D'après "Cristal de Vie" de Ra Bonewitz.*

On peut trouver toutes sortes de minéraux cristallisés ou de métaux combinés avec la silice dans ces pegmatites, car la vapeur d'eau minéralisante y dépose différents sels minéraux dont elle est chargée.

La soupe de SiO_2 se refroidit plus ou moins lentement, et la cristallisation va être influencée par ce temps de refroidissement. Plus ce temps est long, plus le cristal sera clair et plus il va accumuler d'énergie et d'informations, comme c'est le cas pour les cristaux trouvés en Arkansas (États-Unis), ou bien ceux du Minas Gerais au Brésil, ou ceux de Madagascar.

Si le dioxyde de silice ou le silicate se refroidissent un petit peu plus rapidement, les cristaux seront grands mais opaques, et si le refroidissement est encore plus rapide, nous n'aurons plus que des microcristaux. Les couleurs de ce dioxyde de silice viennent des conditions particulières en présence desquelles il se développe.

La proximité de roches radioactives va donner du quartz fumé. Les sels de fer contenus dans la vapeur d'eau minéralisante vont donner de l'améthyste, et les sels de titanium du quartz rose. Pour extraire les cristaux de quartz, il faut donc creuser ou chercher à flanc de montagne ou de glacier, en suivant la pegmatite jusqu'à la cavité, l'ancienne bulle de gaz qu'on appelle "four à cristaux".

Dans ces fours, les cristaux ont poussé serrés en groupes mais sans se gêner les uns les autres, de même que les chloroplastes d'une plante organisent les feuilles en direction du soleil pour que chacune d'elles ne gêne pas la feuille voisine. Les grands cristaux seront découverts dans de larges cavités qui auront subi un refroidissement très long et progressif pendant des milliers d'années.

II. LA FAMILLE DU QUARTZ

Quartz, mot d'origine allemande, est le nom d'une famille de minéraux. Il en existe de nombreuses variétés et il y a peu d'endroits sur terre où l'on n'en découvre pas quelques-unes en surface ou en profondeur.

Le cristal de roche, variété incolore de quartz, forme parfois des cristaux absolument parfaits. La cristallisation est de type rhomboédrique (figure 3).

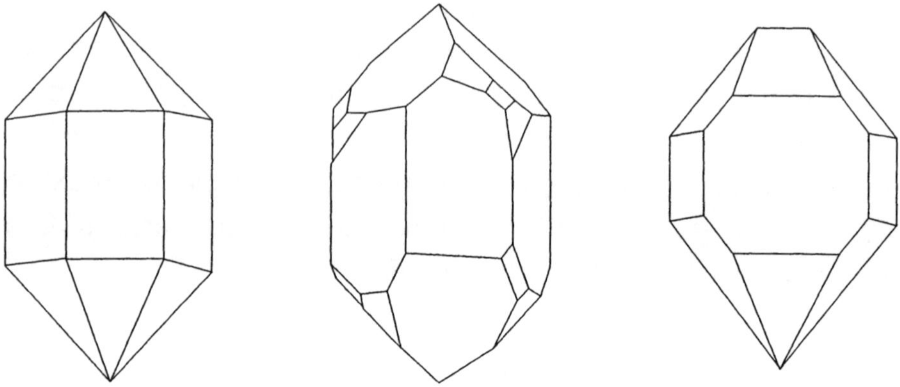

Figure 3 : modèles de cristallisation

On en trouve partout où il y a eu une activité volcanique dans le passé, ainsi que dans les socles cristallins ou granitiques. C'est surtout de cette variété dont il sera question car c'est la pierre la plus utilisée en magie, en théurgie et en thérapie spirituelle. Dans les chapitres suivants, nous aborderons les propriétés physiques, vibratoires et énergétiques des cristaux.

Étudions maintenant la famille du quartz, dont tous les constituants ont la même composition chimique : 100 % de SiO_2. Seules des inclusions diverses ou des modifications de la trame cristalline ont créé des minéraux différents. Le quartz se divise en deux variétés, d'après sa couleur, sa structure et sa forme :

• Les macrocristaux de quartz

Cristal de roche (transparent)
Quartz blanc (blanc)
Quartz rose (rose)
Quartz citrine (jaune)
Quartz bleu (bleu)
Améthyste (violet)
Aventurine (vert)
Quartz fumé (brun)
Quartz morion (noir)
Œil-de-tigre (jaune-marron)
Œil-de-faucon (bleu-noir)
Œil-de-chat (vert-gris)
Quartz ferreux (rouille)

• Les calcédoines (microcristallisation)

Calcédoine (gris-bleu ou gris-vert)
Agate (toutes les couleurs rubanées)
Agate mousse (inclusions vert foncé)
Onyx (noir rubané de blanc)
Cornaline (orange)
Sardoine (orange-brun)
Jaspe (brique, jaune, vert)
Héliotrope (vert foncé avec taches rouges)
Chrysoprase (vert poireau)

1. Les macrocristaux de quartz

• Cristal de roche

De couleur transparente, il se rencontre dans les pegmatites, dans les veines de type alpin ou dans certaines roches métamorphiques. On en trouve dans toutes les Alpes (le plus gros cristal trouvé dans ces régions est une pièce de plus d'une tonne découverte en Autriche) et au Brésil, où les plus gros cristaux atteignent plusieurs tonnes. Il existe aussi une variété très brillante et bipyramidale, appelée diamant de Herkimer, qu'on peut trouver dans l'État de New York dans les mines de Herkimer.

Nous étudierons en détail les propriétés et vertus thérapeutiques du cristal de roche dans de nombreux chapitres de ce livre. Il est en relation avec le centre coronal ainsi que tous les autres centres, car la lumière blanche contient toutes les couleurs.

• Quartz blanc

De couleur blanche, opaque, il provient d'une organisation moins parfaite de la trame cristalline, due à un refroidissement plus rapide qui opacifie le cristal. C'est la variété de quartz la plus commune, qui se trouve conjointe en bonnes proportions dans tous les gisements de cristal de roche. Ce quartz blanc a une qualité très féminine comparé au cristal de roche qui est *yang*. Cette pierre peut être utilisée pour adoucir ou dissoudre les tensions et pour travailler sur la relation à la mère.

• Quartz rose

Sa couleur est rose en raison de la présence de titanium ou de manganèse ; il est translucide, en général compact et très rarement cristallisé. On le trouve en Europe, en Russie, aux États-Unis, à Madagascar et au Brésil.

C'est la pierre de l'amour par excellence. Elle a un pouvoir calmant sur les personnes émotives et elle diminue le stress et les émotions négatives. Elle libère des blocages causés par la peur et la jalousie. C'est une pierre qui incite à la compassion et à l'amour universel.

• Quartz citrine

La citrine est transparente et sa couleur est jaune. On obtient des citrines artificielles en chauffant des améthystes à 450° environ. Les citrines naturelles sont assez rares. La citrine chauffée est appelée topaze dorée ou madère. On la trouve au Brésil, aux États-Unis, en Espagne, en Russie, à Madagascar, en France et en Écosse.

La citrine débloque le plexus solaire et le nœud de l'estomac et, de ce fait, clarifie l'esprit ; elle purifie le sang, stimule la zone pancréatique et elle est recommandée aux diabétiques.

• Quartz bleu

Appelé aussi saphir de quartz, il est bleu à cause d'inclusions de rutile ; il est transparent et on le trouve en Autriche, aux États-Unis, en Scandinavie, en Afrique du Sud et au Brésil. C'est une pierre qui agit au niveau de la thyroïde et qui calme l'anxiété.

• Améthyste

Sa couleur est violet clair ou foncé, sa teinte est due à la présence de fer. On en trouve en Europe, en Russie, en Uruguay et au Brésil. Les bulles de gaz dans des laves solidifiées ont créé ce qu'on appelle des géodes, sortes de coques d'agate creuse tapissée d'améthyste ; la plus grosse, découverte au Brésil, pesait plus de 100 tonnes.

L'améthyste renforce le système imunitaire et les glandes endocrines. Sur le plan physique, c'est une pierre de protection contre de nombreuses affections. Elle agit au niveau de la tête pour calmer la douleur. Cette pierre de la spiritualité se retrouve au doigt des évêques. La légende et son étymologie en font une pierre qui protège de l'ivresse.

• Aventurine

Elle est appelée aussi quartz vert et elle contient des inclusions de fuchsite verte et elle est translucide. On la trouve au Brésil, en Russie, en Espagne et au Tibet. Cette pierre a une influence au niveau du cœur. Elle a un effet calmant et aide à la purification et à la réharmonisation des différents corps subtils.

• Quartz fumé

Sa couleur va du brun clair au brun foncé ; elle provient d'une irradiation du cristal de roche par des roches radioactives pendant plus ou moins longtemps, qui lui donne une teinte plus ou moins foncée. On le trouve en Europe, en Russie, au Brésil, aux États-Unis, à Madagascar, en Inde et en Australie. Le quartz fumé combat la dépression et les blocages inconscients et relie à la matrice terrestre.

• Quartz morion

Sa couleur est noire. D'éclat vitreux, il n'est pas transparent. De nombreux quartz fumés virent au morion suite à une exposition prolongée aux rayonnements radioactifs.

On le trouve en Tchécoslovaquie, en Russie, à Madagascar et au Brésil. C'est une pierre très efficace en cas de cancer ou de maladies nécessitant un traitement par des rayonnements.

• Œil-de-faucon

Il a une belle couleur bleu-noir à l'éclat soyeux ; il n'est pas transparent. On en trouve des gisements en Afrique du Sud, en Australie, au Mexique, au Sri Lanka et en Autriche. Cette pierre a une action au niveau de la gorge.

• Œil-de-tigre

Il est de couleur brun-jaune à l'éclat soyeux et est translucide. Les gisements sont les mêmes que ceux de l'œil-de-faucon.

Ses propriétés sont multiples. C'est une pierre d'équilibre qui compense l'insatisfaction. Elle est très tonique et travaille au niveau des genoux. Elle aide à acquérir plus de confiance en soi et favorise la concentration.

• Œil-de-chat

Il est gris-vert et translucide. On le trouve en Allemagne, au Sri Lanka, en Birmanie, au Brésil et en Inde. Ses propriétés reminéralisantes sont bien connues mais il est peu utilisé à cause de sa rareté.

• Quartz ferreux

Sa couleur rouge-brun est due à la présence d'oxyde de fer. Un exemple de gisement célèbre est celui du cristal de Saint-Jacques de Compostelle en Espagne. Il est excellent pour les problèmes sanguins.

2. Les calcédoines (microcristallisation)

• Calcédoine

Sa couleur va du gris au gris-bleu. C'est une pierre translucide à l'éclat vitreux et soyeux. Elle apparaît dans les sources d'eau chaude ou les croûtes d'altération. Ce minerai, très répandu à la surface de la terre, est appelé communément "silex" : c'est la pierre à feu des hommes préhistoriques.

La calcédoine favorise l'amélioration de l'équilibre physique et émotionnel, elle fortifie le corps, calme les passions et redonne confiance en soi. Les calcédoines bleues fonctionnent au niveau de la gorge et favorisent l'élocution.

• Agate

Elle se présente en rubans parallèles ou circulaires caractéristiques et peut avoir de nombreuses couleurs : blanc, jaune, vert, brun, etc. On la rencontre en Europe, en Asie, aux États-Unis, au Brésil et en Uruguay... bien sûr, où l'on trouve des agates de 2 ou 3 mètres.

L'agate favorise le courage, la joie et la bonne humeur. Elle rend les contacts amicaux et sympathiques. Suivant la couleur, elle agit sur différentes zones du corps.

• Agate mousse

C'est une agate qui renferme des inclusions de chlorite ou d'oxyde de manganèse, et cela lui donne un aspect de mousse. On la trouve en Inde et au Brésil.

En thérapie, on peut l'utiliser contre les fièvres et les empoisonnements.

• Onyx

Sa couleur est noire rubanée par endroits de bandes blanches. On en trouve en Inde et au Brésil. Il favorise la responsabilité et la confiance en soi et résonne au niveau des pieds.

• Cornaline

Elle est orange et souvent translucide. On la trouve au Moyen-Orient, en Inde et au Brésil. Elle encourage le dynamisme en calmant la colère. C'est une pierre qui agit au niveau du deuxième chakra, c'est-à-dire sur l'énergie vitale. Traditionnellement, dans le monde arabe, c'est une pierre de chance.

• Sardoine

Elle est de couleur brune. Elle favorise la gaieté et la force morale et donne un esprit vif. En thérapie, elle régularise les règles et stoppe les hémorragies.

• Jaspe

Les couleurs sont variées (jaune, brun, rouge, vert) par suite de la présence de chlorite et d'hématite. Le jaspe est opaque et mat. On le trouve en Europe autour des Alpes, en Russie, à Madagascar, aux États-Unis, en Afrique et au Brésil. Le jaspe favorise l'éloquence et la promptitude de pensée. Il ralentit la formation de calculs rénaux. Il met en relation avec les énergies de la terre.

• Héliotrope

On l'appelle aussi pierre de sang ou jaspe sanguin, à cause des taches rouges qui parsèment sa surface. Sa couleur est vert foncé taché de rouge et de brun. L'héliotrope est opaque. On le trouve en Europe et en Amérique du Nord et du Sud. Il favorise la concentration. Il a la propriété d'arrêter les hémorragies. Le jaspe sanguin est excellent contre la timidité et le manque de confiance en soi.

• Chrysoprase

Sa couleur est d'un très beau vert dû à la présence de nickel. On la trouve en Pologne et dans l'Oural, ainsi qu'au Brésil, en Afrique du Sud et en Nouvelle-Calédonie. Cette pierre est excellente pour la voyance et, sur le plan physique, elle fortifie la vue. La chrysoprase agit au niveau du cœur : c'est la pierre des amoureux.

Voici donc les membres de cette vaste famille*. Celui qui fait l'objet de cet ouvrage est le cristal de roche.

Depuis la nuit des temps, les hommes de toutes les civilisations ont été sensibles à ce symbole de transparence et de pureté. Les multiples propriétés physiques du cristal ont des correspondances à un niveau plus élevé, qui concernent des modifications psychospirituelles de la nature humaine.

III. PROPRIÉTÉS DU CRISTAL DE ROCHE

1. Propriétés physiques

• Composition

Le cristal de quartz est composé à 100 % de SiO_2, avec néanmoins des inclusions d'aluminium, de lithium, de brome, de fer, de manganèse, de calcium, de titanium et

---

** Les lieux de gisements sont extraits de "La Grande Encyclopédie des Minéraux" de Rudolf Duda et Lubos Rejl.*
Les vertus thérapeutiques sont extraites de "Santé par les Pierres" de Daya Sarai Chocron.

d'arsenic ; mais ces inclusions sont à l'état de traces dans une proportion très faible, et cela suffit à colorer la matière.

• Dureté

La dureté du cristal de quartz est de 7 sur l'échelle de dureté, qui va de 1 à 10. Il est donc plus dur qu'un minéral de dureté 6, comme le feldspath qu'il peut rayer, et moins dur qu'un minéral de dureté 8, comme la topaze qui le raye. Le test de dureté est un moyen de reconnaître un minéral.

• Cassure

Sa cassure est conchoïdale et esquilleuse et son éclat vitreux et gras.

• Densité

Sa densité est de 2,65, ce qui implique que 1 m^3 de cristal de roche pèse 2 tonnes et 650 kg, alors que 1 m^3 d'eau ne pèse qu'une tonne.

• Clivage

Son clivage est imparfait à cause d'une liaison atomique de type covalent. Les atomes sont imbriqués les uns dans les autres. Un atome possède un noyau autour duquel gravitent un ou plusieurs électrons qui sont comme des planètes, et ont des révolutions à une distance plus ou moins éloignée du noyau.

Quand un atome, comme celui de la silice, a une couche électronique externe qui est incomplète, sa balance électrique n'est pas stable, et il tentera de combler le manque en associant sa couche externe à un autre atome complémentaire. Ces deux atomes partagent les occupants de leur enveloppe externe. Ainsi le silicium aura besoin de deux atomes d'oxygène pour créer sa stabilité.

À l'inverse, avec une attraction des ions de charges opposées, il suffit de faire glisser la structure sur un seul atome pour que l'ensemble se brise suivant le plan de sa disposition atomique. On obtient alors un clivage parfait de la matière. Les propriétés les plus étonnantes du cristal apparaissent avec la lumière, l'électricité, la chaleur et le choc.

• Réaction à la lumière

Le cristal absorbe la totalité du spectre lumineux et résonne donc sur l'ensemble des fréquences des différentes couleurs de l'arc-en-ciel. Le microscope polarisant permet, à l'aide de la lumière, de calculer la biréfringence du cristal, qui est faible (0,009). La biréfringence est l'écart entre les indices de réfraction de rayons lumineux que l'on a dirigés dans différents axes du cristal.

• Réaction à la chaleur

Cette propriété s'appelle pyro-électricité. Un cristal plongé dans un feu attire d'abord les cendres, puis les repousse ; ceci est dû à l'accumulation des charges électriques en surface. Quand il refroidit, il reprend son état initial. Si on le porte à haute température, il crépite mais ne fond pas. À une chaleur de 450°, on peut modifier la couleur d'un cristal.

Par exemple, le quartz améthyste vire à la citrine, les atomes de fer contenus dans la maille cristalline sont modifiés par la chaleur, ce qui provoque une légère déformation de la structure, et la longueur d'onde lumineuse qui ne sera pas absorbée par le cristal sera celle du jaune à la place du violet : donc le cristal nous apparaît jaune.

• Réaction au choc

Maintenant, voyons ce qui se passe quand on déforme un cristal ou une lamelle de cristal à l'aide d'une torsion, d'un cisaillement ou d'un choc. Il se produit une émission lumineuse et électrique. C'est l'effet piézo-électrique (du grec *piezein* : presser). Cette propriété a été mise en évidence en 1880 par Jacques et Pierre Curie. Ceux-ci ont observé que des charges de signes opposés apparaissent sur les facettes opposées d'un cristal si on le contraint mécaniquement.

Dans le dioxyde de silice (SiO_2), les atomes de silice ont perdu leurs électrons périphériques au bénéfice des atomes d'oxygène. La structure présente un ordre parfait et elle est électriquement très stable. Le cristal est neutre, les centres de gravité des particules positives et négatives sont confondus. Quand on soumet un cristal à un choc ou à une contrainte de cisaillement ou de flexion, les centres de gravité sont dissociés et les surfaces sont polarisées différemment avec une grande différence de potentiel, ce que l'on constate avec l'étincelle d'un allume-gaz.

• Réaction à l'électricité

De même, sous l'action de l'électricité, une lamelle de quartz se déforme. Les particules chargées négativement transitent vers un pôle positif et inversement, les particules chargées positivement vont vers un pôle négatif. Le cristal se dilate et se contracte suivant la polarité du champ électrique auquel on l'a soumis et sa résonance dépend de l'axe d'orientation de la coupe de la lamelle.

Le cristal de quartz est donc abondamment utilisé dans l'industrie électronique pour réaliser des résonateurs piézo-électriques, des émetteurs ultra-sons, des stabilisateurs dans les générateurs de fréquence, car lorsque le cristal vibre il impose sa fréquence stable à la source du champ électrique. Tout le monde connaît bien les montres dites "à quartz". Là encore, on a "calé" une horloge sur la fréquence stable d'une lamelle de quartz pour marquer les secondes, les minutes et les heures. On utilise aussi du silicium pur, obtenu à partir du dioxide de silice, pour fabriquer des matériaux semi-conducteurs, des transistors, des diodes et des circuits intégrés avec leur mémoires.

2. Propriétés psycho-énergétiques

À l'étude des propriétés physiques du cristal, une conclusion s'impose : le cristal a la capacité de transformer l'énergie qu'il reçoit, et l'énergie qu'il restitue n'est pas du même type que celle qu'on lui applique. Ainsi, quand on le soumet à l'électricité, il restitue une fréquence, quand on lui applique un choc, il produit de la lumière et de l'électricité.

Alors, que se passe-t-il quand une personne se concentre sur un cristal ? Quand elle le tient dans sa main ? Cette personne crée une émission de particules, un flux d'électrons. Le cristal reçoit cette émission et restitue une fréquence vers la source émettrice.

Que ressent cette personne à ce moment-là ? Elle reçoit une pulsation qui est stabilisée par une fréquence programmée qui va la réharmoniser.

Le phénomène de participation d'une personne à l'univers qui l'entoure a été mis en évidence scientifiquement en 1927 par Werner Heisenberg qui a présenté son "principe d'incertitude". Il prouve que "l'observateur modifie la chose observée par le simple fait de l'observation".

Heisenberg, qui étudiait le comportement des plus petites particules de matière et de leur “quanta” d’énergie (très petite quantité d’énergie) déclarait : “La conception d’une réalité objective s’est dissipée dans la clarté d’une mathématique qui ne traduit plus le comportement des particules élémentaires du noyau de l’atome, mais plutôt la connaissance que nous en possédons”.*

Cette prise de position de la science dite officielle amorce une transformation prodigieuse de notre vision de l’univers, qui était issue d’une culture gérée par le cerveau gauche, car la conscience joue vraiment un rôle dans le soi-disant univers physique.

Depuis le Ve siècle avant Jésus-Christ et depuis Aristote, notre civilisation s’est efforcée de surmonter la contradiction entre un Dieu créateur qui dirige et sa création dans la matière. Cette dualité entre esprit et matière, qui caractérise la philosophie occidentale, n’existait pas au IVe siècle avant Jésus-Christ. Pour les anciens Grecs, le *logos* était le principe unitaire, la vibration qui contient et transmue toutes les dualités opposées.

Mais notre héritage scientifique à travers le Moyen Âge et la Renaissance, avec Descartes et Newton, n’a véhiculé qu’une vision fragmentée de cette sagesse antique. On se fie aux lois du monde telles qu’on peut les observer par une lunette, sans être impliqué, et on considère qu’elles sont immuables. Dans des conditions identiques et avec les mêmes instruments, un physicien peut répéter une expérience et obtenir à chaque fois le même résultat. Il en est de même avec un expérimentateur différent. C’est le principe de base de la démonstration physique classique.

* *“Physique et Philosophie” de Werner Heisenberg.*

L'empirisme a toujours demandé l'impartialité et a considéré la réalité objective comme une chose unique et observable en dehors de la conscience. Mais depuis l'apparition de la réalité quantique, on s'est aperçu que l'esprit de la personne qui fait l'observation a de l'importance. Il interfère sans cesse et donc il devient improbable d'obtenir les mêmes résultats en répétant une expérience dans les conditions citées ci-dessus. Et la conscience de l'observateur est un paramètre incontrôlable, comme le sera aussi le bombardement photonique de la lampe d'observation.*

On rejoint le concept du physicien John A. Wheeler qui suggère : "Cessons de nous considérer comme des observateurs, nous sommes des participants dans une multitude de réalités possibles."

Depuis toujours, la mystique orientale a affirmé que l'homme peut changer l'univers avec sa conscience, sa force de visualisation et sa pensée positive et qu'il participe pleinement à l'expérience. C'est donc la conscience d'une personne et son émission psychique qui mettent le cristal en résonance.

Cette donnée va développer notre conscience des interactions inéluctables qui s'opèrent entre les différents composants d'un univers. C'est ce qu'on appelle une vision holistique (qui inclut la totalité).

Pour le règne animal ou humain, cela nous paraît évident, nous l'avons vécu de nombreuses fois et nous avons une bonne perception de la réaction de l'environnement. Par contre, pour le règne végétal, c'est moins évident. Mais les expériences de Backster ont démontré que les plantes étaient sensibles aux émotions, à la pensée,

** D'après "Mystique et Physique nouvelle" de Michael Talbot.*

à la musique. Cela pourra paraître incroyable à certains, mais alors combien plus incroyable sera la conclusion de notre voyage dans le monde minéral ! Car à l'instar de l'animal ou du végétal, le minéral ou le cristal réagissent à nos influx électromagnétiques et nous réagissons de même à ceux qu'ils nous envoient.

Les cristaux sont extrêmement sensibles, sûrement autant que nous le sommes. Peut-être, après avoir lu ce chapitre, ferez-vous l'expérience de prendre un cristal pour voir, pour essayer de sentir. Et peut-être rien ne se passera, ne vous alarmez pas ! C'est normal, cela ne veut pas dire que vous ne sentez rien, ou que vous ne pouvez rien sentir. Sans doute inhibez-vous vos sensations, ou n'y croyez-vous pas ; ou peut-être avez-vous besoin de développer vos organes de perception ou votre sensibilité vers des fréquences vibratoires plus fines et moins formelles.

Le cristal possède un champ d'énergie qui équivaut à environ 100 fois sa taille. On peut capter l'émission énergétique d'un cristal avec l'antenne de Lecher, ou avec la main pour les personnes sensibles.

Le cristal a plusieurs types d'actions : il stabilise et transforme l'énergie, l'amplifie et la focalise, mais il agit surtout sur nos corps subtils. Il va réharmoniser notre corps de lumière . Un cristal de 10 cm va avoir un rayonnement de 5 à 10 m. Dans le chapitre sur les enveloppes conscientes, nous allons aborder quelques expériences sur les enveloppes auriques des cristaux. La taille n'est pas le seul critère de la puissance du champ d'énergie, il faut aussi tenir compte de sa masse, de sa pureté, de sa lumière, de son programme et des énergies terrestres qu'il véhicule, et surtout de l'être cosmique qui a présidé à sa création.

On peut dynamiser un cristal et lui inclure un programme qui augmente la portée de son champ d'énergie. Les cristaux sont de merveilleux outils, des cadeaux de notre planète, mais considérez-les comme tels, et n'en faites pas des idoles. Ils apparaissent dans notre vie, ils la traversent et nous quittent, parfois très vite, parfois jamais ; n'hésitez pas à les donner car d'autres viendront à vous. Chaque cristal véhicule avec lui une histoire, une énergie particulière qu'il a enregistrées au cours des millions d'années de croissance et ce cadeau est pour vous. Recevez-le, imprégnez-vous de cette sagesse.

3. Le cristal et son onde de forme

Il faut d'abord définir ce qu'est une onde de forme.

"Toutes les formes géométriques planes ou les volumes sont soumis au courant magnétique terrestre qui parcourt la surface de notre globe d'un pôle à l'autre dans une direction nord-sud, ce courant étant généré par la rotation de la planète autour de son noyau ferreux...

Les formes et la composition en volumes se saturent de l'énergie magnétique de ce courant et la rayonnent vers leur environnement. Si le volume est symétrique, il est aussi récepteur d'ondes cosmiques qui compensent le courant magnétique. Ces formes et volumes sont donc "compensés" et leur rayonnement ou onde de forme est bénéfique. Certains polygones ou volumes irréguliers ne sont pas récepteurs d'ondes cosmiques et, de ce fait, rien ne peut compenser le courant magnétique dont ils se saturent et qu'ils rayonnent avec intensité."*

** D'après "Physique microvibratoire et Forces invisibles" de A. de Belizal et P. A. Morel.*

Ce rayonnement, ou onde de forme, est nocif ou maléfique parce qu'il déséquilibre la personne qui y est soumise. Le cercle est une forme parfaitement équilibrée ainsi que la sphère, qui est le volume le plus bénéfique du point de vue de son onde de forme.

L'hexagone, cette figure à six côtés qui est la forme unique et commune à tous les cristaux de quartz, produit une onde de forme équilibrée et bénéfique. Les six côtés du cristal de roche symbolisent les six chakras (voir chapitre *Structure de l'être humain*), le septième chakra étant la pointe qui le connecte avec l'esprit. La forme du cristal s'inscrit parfaitement dans le centre du sceau de Salomon (figure 4).

Figure 4 : cristal de roche inscrit dans le sceau de Salomon

Cette étoile à six branches est constituée de deux triangles qui, symboliquement, représentent les énergies d'en haut et celles d'en bas, l'eau qui tombe et le feu qui monte, qui se rencontrent et s'interpénètrent ; c'est un symbole d'équilibre. Les molécules du dioxyde de silice obéissent dans leur assemblage à ce schéma, et s'équilibrent d'une manière parfaite sur le modèle hexagonal. Cette répétition angulaire génère une résonance qui dessine le sceau de Salomon. C'est donc un rayonnement de parfait équilibre que nous transmet le cristal, et ce schéma va réharmoniser tout ce qu'il contacte.

4. Polarisation du cristal

Chaque cristal, qu'il soit transparent, fumé ou améthyste, qu'il soit à une ou deux terminaisons, possède deux polarités : une polarité *yin* et une polarité *yang*.

La polarité *yin* est en résonance avec la matrice terrestre magnétique et la polarité *yang* avec le plan cosmique électrique. On peut déterminer la polarité très facilement avec un pendule. Au préalable, vous avez défini votre convention mentale, c'est-à-dire le sens de la réponse positive et le sens de la réponse négative. Quand vous avez la réponse nette du pendule, alors vous pouvez commencer à travailler (voir chapitre *Thérapie de l'habitat*).

Prenez le cristal dans la main gauche et le pendule dans la main droite, et testez au-dessus de la pointe puis de la base du cristal. Le pendule va donner une réponse différente pour les deux extrémités, et il va changer de sens de rotation avec une aisance déconcertante (figure 5). Le côté de la base tourne dans le sens négatif (*yin*, féminin). Le côté de la pointe tourne dans le sens positif (*yang*, masculin). Ce sera toujours ainsi pour un cristal à une pointe, mais vous pouvez faire le test, à titre d'expérience.

Il est donc facile de déterminer les deux polarités avec ce type de cristal. Par contre, pour les cristaux biterminés, qui ont développé une pyramide à six faces à chaque extrémité, il est bon de tester au pendule pour vérifier l'impression qui peut vous effleurer. Certaines personnes qui sont très sensitives peuvent capter en un coup d'œil la polarité d'une extrémité. Si vous voulez vérifier, opérez de la même manière que précédemment pour le cristal à une pointe.

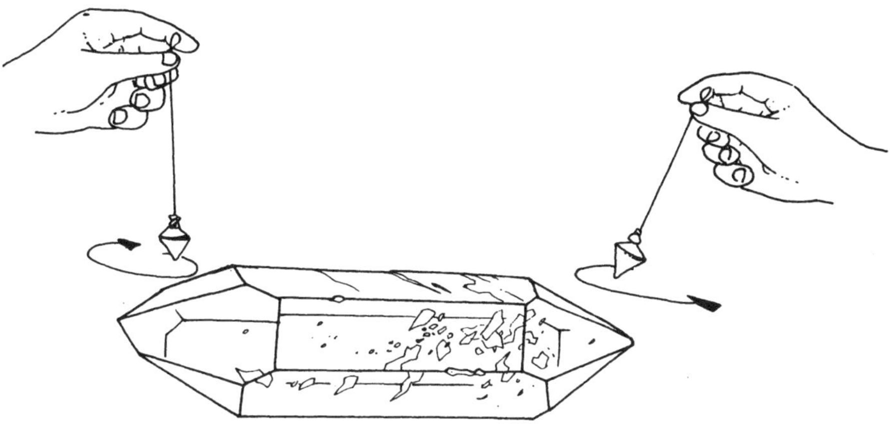

Pôle positif (yang : ciel)

Pôle négatif (yin : terre)

Figure 5 : test de polarisation

IV. DIFFÉRENTS TYPES DE CRISTAUX

Dans tous les cristaux transparents, les atomes et les molécules se sont organisés de telle manière que la lumière les traverse. Les cristaux sont le niveau le plus élevé du plan de la matière dense et ils se sont tous émergés d'une masse amorphe de dioxyde de silice qui constitue leur matrice et les relie à la terre. Cette matrice est opaque ou nuageuse ainsi que la base des cristaux qui deviennent de plus en plus transparents vers la pointe.

"Le processus d'évolution est similaire pour nous, qui sommes nuageux et imprécis dans l'inconscient, et pour qui tout devient clair à mesure que nous nous rapprochons du point d'union avec l'esprit."*

Quelle que soit l'utilisation qu'on fait des cristaux, chacun peut bénéficier de leur merveilleuse influence. Les cristaux de roche ont quelques formes spécifiques.

• Fleur de cristal (ou druze)

La fleur de cristal (figure 6) est un agglomérat de cristaux simples qui partagent la même base. Cette base est un fragment de la voûte du four à cristaux ou de la géode, dans lesquels ceux-ci se sont formés. Elle neutralise les énergies négatives et conflictuelles. En méditation, elle augmente l'harmonie entre les participants.

Les cristaux gémeaux et les cristaux à gâchette fonctionnent suivant un principe similaire aux fleurs de cristal mais avec la particularité de leur forme. Les cristaux gémeaux véhiculent l'énergie de deux âmes sœurs qui ont atteint un plan de fusion jusque dans le monde formel.

• Cristal générateur

Un générateur (figure 7) est un cristal assez massif qui peut être utilisé pour relayer une présence spirituelle dans le plan humain. En général les six facettes sont régulières et se rejoignent plus ou moins à la pointe, et cette pointe est centrée. Ce sont d'excellents cristaux pour la méditation ou la thérapie. Le triangle au-dessus du carré symbolise "l'esprit qui contrôle la matière" et la transparence de la pointe évoque la pureté et l'unification des énergies.

---

* *"Cristal Enlightment" de Katrina Raphaell.*

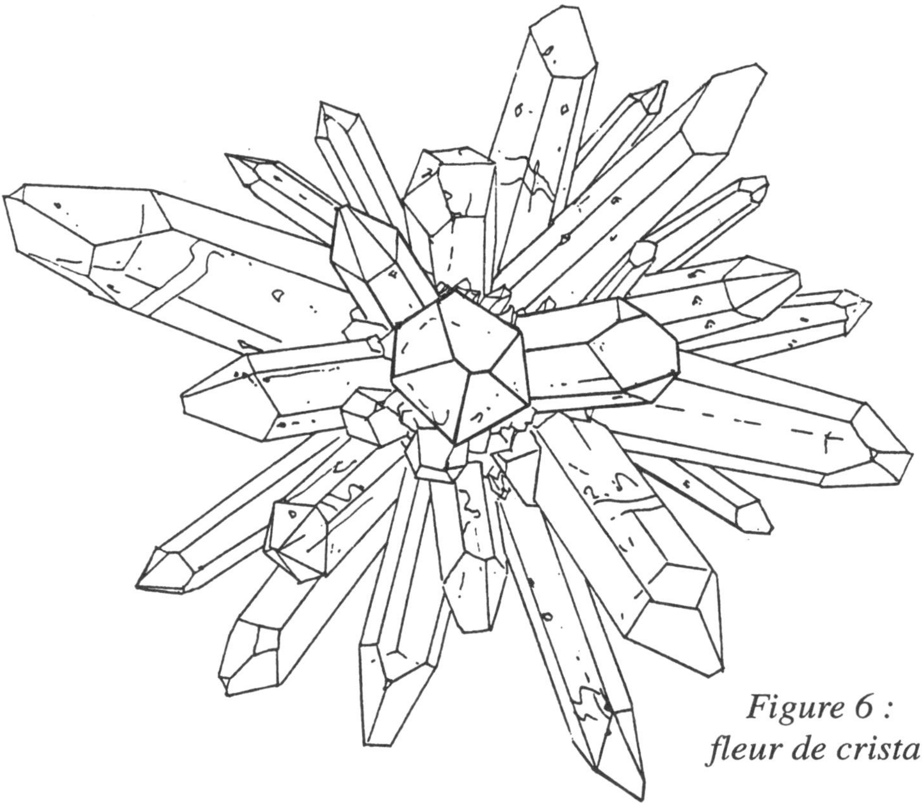

Figure 6 :
fleur de cristal

Figure 7 :
générateur

Pour des groupes de méditation, on peut utiliser de gros générateurs, mais ces cristaux doivent être manipulés avec soin. Quand ils sont gros, ils sont très puissants et d'énormes quantités d'énergies peuvent se focaliser à travers ce type de cristaux. Ils deviennent le siège d'un transfert important entre des hiérarchies spirituelles élevées et le groupe humain qui les entoure. En thérapie, on peut utiliser de petits générateurs pour activer les chakras et dynamiser certaines zones du corps.

• Cristal tabulaire

C'est un cristal plat (figure 8) qui se présente comme une tablette à deux facettes opposées très larges et rapprochées. “Ce type de cristal est très énergétique et il crée une jonction entre deux niveaux vibratoires ou entre deux personnes. Il égalise les énergies en conservant une harmonie parfaite et on l'utilise souvent pour équilibrer deux centres éthériques dans le corps d'une personne.”*

Figure 8 : cristal tabulaire

Par exemple, placé entre le plexus solaire et le cœur, il aide à faire le passage entre la conscience individuelle et la conscience collective. Il peut être utilisé pour équilibrer les hémisphères cérébraux droit et gauche. Ce cristal peut vous aider quand vous êtes perturbé. Quand la tranquillité

* *“Cristal Enlightment” de Katrina Raphaell.*

intérieure est primordiale pour réaliser un contact spirituel, le cristal tabulaire a un effet calmant et stabilisant.

• Cristal aiguille (ou laser)

Le cristal laser (figure 9) est long et effilé comme une aiguille. Le son qu'il émet est plus cristallin et sa résonance monte dans les harmoniques. On l'utilise pour réaliser un faisceau de contact avec d'autres dimensions. Il a la capacité de traverser les plans et de les relier. Cette propriété interdimensionnelle se trouve parfois renforcée par la présence de fantômes successifs.

En thérapie, il peut être utilisé pour focaliser l'énergie du thérapeute à la manière d'un laser. Le laser lumineux est un faisceau de lumière cohérente. Le cristal laser, lui, projette un faisceau de particules subatomiques cohérentes (voir chapitre *Thérapie énergétique*). Le cristal laser est parfois taillé en pointe de massage avec un bout arrondi à l'une de ses extrémités.

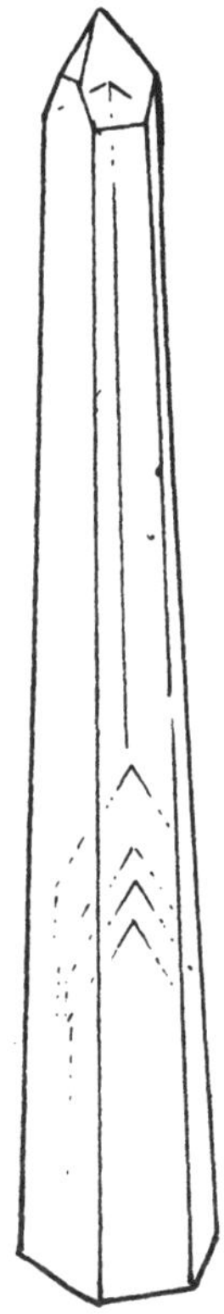

Figure 9 : cristal aiguille multifantôme

• Cristal biterminé et régénéré

Le cristal biterminé (figure 10) est un cristal parfait qui se forme très rarement. Tous les cristaux poussent à partir d'une base amorphe de silice et ils sont rattachés à la roche-mère par cette base. À l'autre extrémité, les six côtés se rejoignent pour former une pointe pyramidale. On les appelle cristaux à une pointe ou cristaux simples.

Cependant, un cristal peut se développer dans l'espace d'une poche de gaz et alors il n'est pas en contact avec la roche-mère. Il a la possibilité de devenir un cristal accompli et de former une pyramide à six facettes de chaque côté d'un fût hexagonal. Il est parfois imbriqué dans un autre cristal ou bien légèrement accroché à lui par un plan de clivage. Le cristal biterminé se détache alors aisément, sans cicatrice.

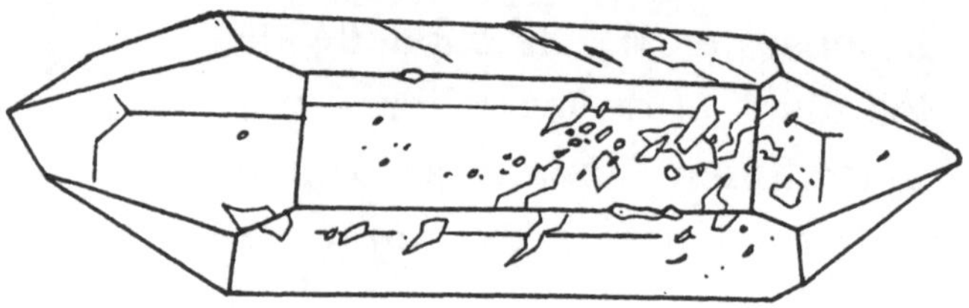

Figure 10 : cristal biterminé

Il peut aussi se développer dans l'argile ou le calcaire meuble, où il ne rencontre aucune limite et grandit de chaque côté. "Ces cristaux spéciaux ont la possibilité d'absorber autant que de rayonner l'énergie par l'une ou l'autre extrémité en synthétisant les deux polarités dans le centre du cristal. Un cristal biterminé peut focaliser de part et d'autre cette énergie synthétisée."*

Si une personne est en rupture d'harmonie mentale ou émotionnelle, elle retrouve son centre énergétique en quelques minutes avec un cristal biterminé et une concentration adéquate. Quand l'énergie stagne dans le corps et donne des contractures, des blocages ou des nœuds, un cristal biterminé va les dissoudre facilement et rétablir une bonne circulation d'énergie. De même, pour relancer le

---

** "Cristal Enlightment" de Katrina Raphaell.*

fonctionnement d'un centre vital, vous pouvez utiliser un cristal biterminé en dessinant dans l'espace une spirale qui va en s'élargissant dans le sens des aiguilles d'une montre (voir chapitre *Thérapie énergétique*).

Il y a une autre catégorie de cristaux qui s'apparente aux cristaux biterminés, ce sont les cristaux autorégénérés. Ils se sont coupés de leur roche-mère à cause d'un mouvement géologique et ont guéri leur cicatrice en reformant une cristallisation sur plusieurs petites pyramides. C'est un cristal d'autorégénération énergétique (figure 11).

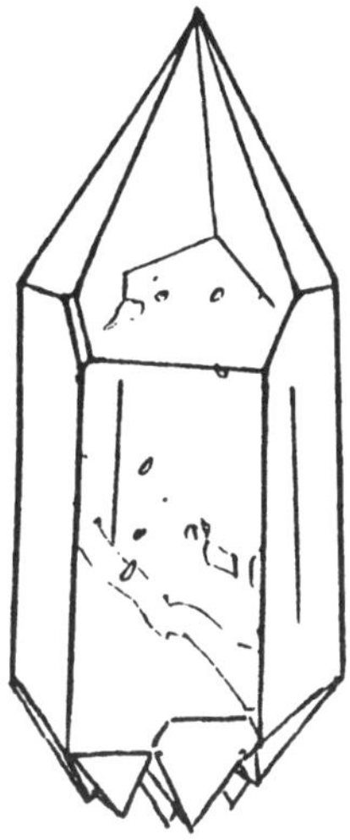

Figure 11 : cristal autorégénéré

• Cristal fenêtre

Ce type de cristal est biseauté (figure 12) et il présente une très grande facette qui occupe la presque totalité de la pointe. Les cinq autres facettes de la pyramide sont minuscules ou insignifiantes et elles entourent la facette principale qui peut avoir sept ou huit côtés. Cette facette est la porte d'accès à l'intérieur du cristal. C'est un excellent cristal d'introspection et de transformation intérieure car il révèle ce qui est derrière le voile de la conscience ordinaire.

En thérapie, c'est un cristal qui permet de pénétrer profondément à l'intérieur de la structure du corps humain avec une énergie très douce qui va aider la personne à intégrer les informations qui remontent de son inconscient.

Il existe aussi des cristaux qui ont une facette en forme de losange à l'angle de la face verticale et de la pyramide du sommet et qui sont aussi appelés fenêtres. Vous pouvez pénéter en méditation par cette fenêtre à l'intérieur du cristal, et à l'intérieur de vous-même dans le même temps.

• Cristal cathédrale

C'est une variété de cristal dont les faces ne sont pas planes (figure 13) mais étagées en facettes qui gravissent l'une sur l'autre comme une flèche de cathédrale. Sa transparence se trouve légèrement diffractée.

On rencontre ce type de cristaux dans le centre du Brésil. Ils sont souvent fumés et sont très énergétiques.

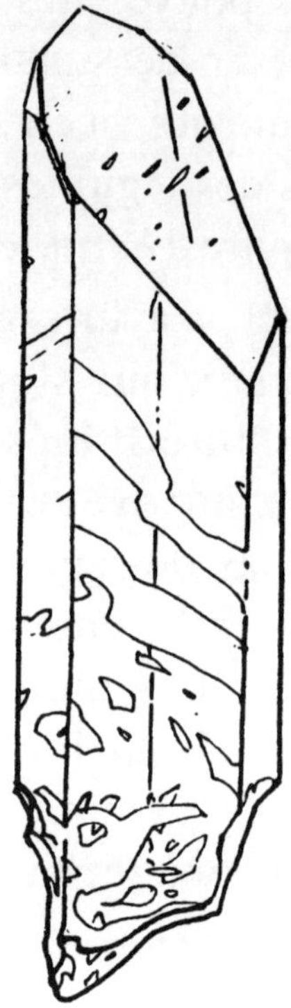

Figure 12 : cristal fenêtre

• Inclusions, fantômes et arcs-en-ciel

Les inclusions dans un cristal sont quelquefois le signe d'une richesse, plus que l'expression d'un défaut. Il en existe certaines qui ressemblent à des nuages d'étoiles ou à des galaxies. Quand le regard pénètre à l'intérieur du cristal, on a l'impression de survoler un univers de corps célestes qui gravitent à l'intérieur. Ce type de cristal utilisé en méditation peut vous mettre en relation avec d'autres mondes et vous connecter avec le cosmos.

Figure 13 : cristal cathédrale

Il existe aussi des inclusions particulières appelées fantômes : un fantôme est le résultat d'un incident de croissance du cristal. Il y a des millions d'années, un cristal a vu son développement arrêté à cause d'une chute de prcssion ou dc chaleur dans sa géode matricielle, car celle-ci a peut-être été percée. Un nuage de poussière ou d'oxyde métallique a été alors pulvérisé sur une ou plusieurs pointes. Puis la croissance a repris et de nouvelles molécules d'oxyde de silice se sont accumulées sur la pointe en enfermant à l'intérieur du cristal la forme de la pyramide à six facettes.

Cet empilement successif de couches de molécules ne laisse d'habitude pas de trace. Mais dans ce cas, il reste un voile de poussière visible, d'une forme pyramidale particulière à ce cristal. Cet incident peut se reproduire deux, cinq ou dix fois dans le même cristal, créant ainsi des voiles successifs qui se suivent tous avec la même forme. Les cristaux à fantômes sont extrêmement puissants et leur émission est renforcée par la séquence rythmée qui est incluse dans le fût.

Ces fantômes représentent les multiples phases de développement d'une personne. Il est possible d'utiliser ces cristaux en méditation, pour voyager dans différentes dimensions d'énergie.

Les arcs-en-ciel d'un cristal font toujours beaucoup d'effet quand on les découvre, parce qu'ils nous mettent en relation avec les couleurs irréelles du monde astral. Des couleurs aussi pures n'existent pas dans le monde matériel, et ces vibrations appartiennent encore au monde de la pure lumière.

Ces cristaux sont très performants en thérapie pour guérir la dépression ou la mélancolie. Si vous prenez un cristal arc-en-ciel et que vous le tenez au niveau du cœur, il va dissoudre toute votre négativité et vous remplir de joie.

• la surcristallisation

C'est un phénomène que l'on rencontre fréquemment dans les cristaux d'Arkansas (figure 14). Ils ont une ou plusieurs faces recouvertes de cristaux minuscules de quelques millimètres ou moins, ressemblant à du papier de verre. La cristallisation a repris après la formation des pointes, mais dans d'autres conditions de pression ou de chaleur et avec un autre programme de croissance. Ces pointes de cristal avec leur surcristallisation sont très énergétiques car ces minuscules cristaux amplifient leurs rayonnements.

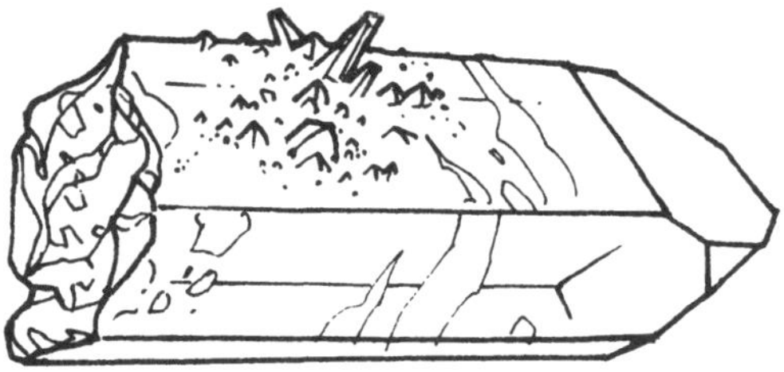

Figure 14 : surcristallisation

• Cristaux bruts ou polis, opaques ou transparents

La polémique entre défenseurs des cristaux bruts et défenseurs des cristaux lapidés est un problème mal posé, car ils ne parlent pas de la même chose.

Les uns se réfèrent à la forme, qui correspond au programme de croissance du cristal, et dont le rayonnement se trouve perturbé par la lapidation (surtout si celle-ci a considérablement modifié la forme originelle). Les autres, les amateurs de cristaux polis, amoureux de la transparence et de la limpidité, se réfèrent à la vibration de la matière même du cristal qui, elle, n'est pas modifiée, même si le cristal est taillé en cube, en boule, en pyramide ou en facettes.

En effet, si la taille avait dû neutraliser tous les effets des pierres précieuses, jamais il n'y aurait eu de pierres taillées. Une bonne taille peut même exalter et amplifier le pouvoir d'une pierre.

Avant d'être esthétiques, ces pierres précieuses ou cristaux de roche taillés étaient employés à des fins opératives, énergétiques et thérapeutiques. Je pense que les deux sortes de cristaux sont excellentes et ne prendrai pas parti. Chacun aura donc le soin de choisir ce qu'il veut et ce qu'il désire utiliser.

Il y a une autre idée qui affirme que, dans tous les cas, il vaut mieux utiliser un cristal transparent. Pas toujours ! Voici quelques cas où il est bon d'utiliser des cristaux laiteux ou opaques :

- pour calmer une personne énervée ou exaltée
- pour adoucir une peine ou une douleur
- pour une mère enceinte ou bien qui allaite
- pour tranquilliser un enfant agité.

Comme vous avez pu le capter dans ces exemples, les cristaux blancs ou laiteux sont *yin* ou reliés à la mère. Et dans ces différents cas, un cristal transparent relié au père, donc *yang*, n'aurait pas été adéquat pour rééquilibrer la situation. Il est donc intéressant d'avoir des cristaux opaques ou laiteux pour disperser l'excès de *yang* sur une personne ou dans un lieu.

• Boules et pyramides de cristal

Les différentes cultures, à travers l'histoire de l'humanité, ont taillé dans le cristal de roche des objets rituels tels que coupes, dorges, manches d'outils ou d'armes, et bien sûr pierres facettées pour les sertir, mais les objets les plus couramment utilisés de nos jours sont les boules et les pyramides de cristal.

La boule de cristal possède un très grand pouvoir et a toujours été le symbole de l'occultisme, de la vision intérieure et de la bonne aventure. Il n'est pas nécessaire d'avoir une boule pour faire de la voyance ou prédire le futur. Les voyants peuvent le faire sans aucun support, juste en regardant la personne, ou même les yeux fermés en sentant cette personne. Edgar Cayce faisait de la voyance à distance et l'un de mes amis le fait par téléphone ou sur photo.

Quelquefois, les diseuses de bonne aventure utilisent un bocal d'eau ou une boule de cristal de Bohême (qui est en fait du verre au plomb fabriqué en Autriche). En fait, que ce soit de l'eau ou une boule de cristal, le support de voyance ne sert qu'à focaliser l'attention et à développer la concentration sur la trame spécifique de la personne ou du thème traité. Le cristal de roche peut ajouter à cela son taux vibratoire par une dynamisation du champ éthérique.

Mais la forme de la sphère est très puissante, elle est le symbole de l'univers et de la "totalité". Ces boules de cristal de roche sont rarement complètement claires. Le plus souvent, elles comportent des inclusions, des nuages, des galaxies, ou des arcs-en-ciel, qui ne font qu'augmenter leur beauté. Chacune d'elles a un caractère particulier. L'énergie qui se dégage des boules de cristal est très douce et il est relativement facile de faire une voyance avec elles.

Procédez comme suit :

Asseyez-vous dans un endroit tranquille et sombre, éclairé seulement par une petite lampe ou une bougie. Décroisez les jambes, redressez votre colonne vertébrale pour laisser l'énergie circuler des pieds à la tête et faites une connexion avec votre esprit.

Placez les mains sur la boule en respirant profondément et sentez l'échange d'énergie qui s'opère entre vous et la boule à chaque respiration.

Peu à peu, un état de conscience particulier va s'installer en vous. Fixez un point de la boule qui vous attire mais sans fixer vraiment, en laissant votre regard diffus.

Vous êtes décontracté. Des images, des visions, ou des mots vont apparaître dans votre tête. Ne mentalisez pas et exprimez ce qui vient.

Gardez les yeux ouverts, et expérimentez cet état de conscience altéré qui peut vous permettre d'aider autrui grâce aux informations que votre esprit supérieur peut vous révéler sur certains problèmes, sur le passé ou sur le futur.

Lorsque vous avez terminé, relaxez-vous, et revenez dans le monde formel progressivement. Prenez votre temps. Quand vous sentez que vous êtes totalement revenu dans notre réalité, purifiez la pièce, vous-même, et la boule de cristal et rangez-la à l'abri pour votre prochaine voyance.

Les pyramides de cristal ont un rôle différent. Leur forme fait vraiment partie de la culture de l'humanité, on la retrouve sur tous les continents et dans toutes les civilisations.

Symboliquement, la pyramide à quatre faces représente la descente de l'esprit sur la matière ou bien la matière reliée à l'esprit.

Le modèle de pyramide le plus connu est la pyramide de Chéops (figure 15) qui inclut le nombre d'or dans ses proportions. De même, la pointe pyramidale du cristal de roche inclut le nombre d'or avec un angle de 51° 50'.

Une pyramide possède la propriété de momifier la nourriture que l'on place en dessous quand elle est orientée au Nord vrai. Le Nord vrai, qui est la direction du pôle Nord le long du méridien géographique, diffère de quelques degrés d'angle du nord magnétique indiqué par la boussole. Cet angle, appelé déclinaison, varie suivant l'endroit où l'on se trouve sur la terre.

Quand la pyramide est correctement orientée, elle propage une puissante émission de vert négatif à sa base et

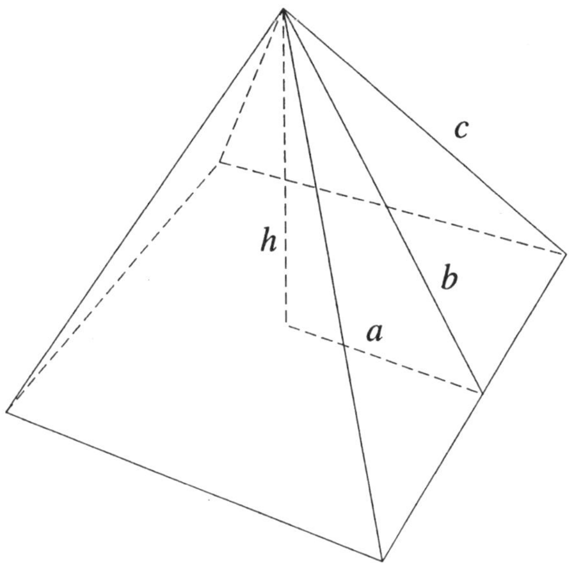

Figure 15 : le nombre d'or et la pyramide de Chéops
$h = 148,208$ m
$a = 116,402$ m
$h/a = 1,272 = \sqrt{\varphi}$
$b/a = \varphi = 1,618$ (nombre d'or)

dans son environnement. Le vert négatif est l'antipôle du vert positif du spectre lumineux et il est invisible. C'est la vibration la plus courte et la plus puissante de l'univers.

"C'est aussi l'onde porteuse naturelle dans le sol, c'est l'onde tellurique propre qui part du centre de la terre et tend à s'échapper dans la stratosphère. Entraînant avec elle toutes les vibrations nocives trouvées sur son passage, elle draine les vibrations d'eau souillée, microbienne, les émanations de cimetières, d'égouts, de rivières souterraines mal drainées, et de failles sèches radioactives avec dégagement de radon... Cette onde est de signe négatif et nocive, précisément lorsqu'elle n'est pas compensée par la force positive venant du cosmos et elle produit un déséquilibre vibratoire qui désorganise la cellule vivante. On appelle cela une rupture de forces compensées".*

La forme pyramidale a le pouvoir de concentrer cette vibration de vert négatif à sa base qui provoque la momification, ainsi qu'aux alentours. Il s'agit donc d'utiliser avec précaution cette forme en évitant de la mettre dans une chambre à coucher. Une pyramide de cristal ne présente pas cet inconvénient, car la matière du cristal est reliée au plan cosmique et l'onde vert négatif est compensée.

• Le diamant de Herkimer

C'est une variété de cristal de roche tellement brillante et tellement parfaite qu'on lui a donné le surnom de diamant. Sa forme aussi est particulière et rappelle l'octaèdre de carbone cristallisé, mais c'est un dioxyde de silice et sa cristallisation est rhomboédrique. Il est toujours biterminé et ses facettes verticales sont presque inexistantes. Il donne l'impression d'être une double pyramide à six facettes (figure 16).

Herkimer, situé dans l'État de New York est le lieu où se situent les mines. On trouve des cristaux similaires dans la région transcarpatique (en Russie) et dans les marbres de Carrare (Italie). Ils sont extrêmement limpides et dix fois plus énergétiques que le cristal de roche classique. Le diamant de Herkimer est surtout utilisé pour travailler sur les rêves ou les sorties astrales. Si vous placez ce cristal sur votre front ou près de votre tête pendant que vous méditez, il va favoriser une perception des plans d'énergie subtils.

** D'après l'étude sur les pyramides de A. de Belizal et P. A. Morel dans "Physique microvibratoire et Forces invisibles".*

Si vous désirez le programmer pour vous souvenir de vos rêves, mettez-le dans votre lit près de votre tête, et prenez l'habitude de noter au réveil le ou les rêves de la nuit. Répétez cette pratique jusqu'à ce que vous soyez à l'aise et que votre conscience soit présente dans votre sommeil. Ensuite, vous pourrez programmer vos rêves, qui vont devenir de véritables sorties astrales conscientes. Ce diamant de Herkimer va considérablement accélérer votre capacité de dédoublement.

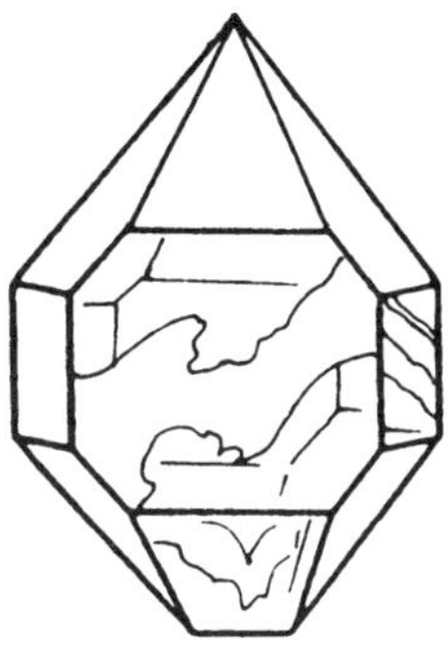

Figure 16 : diamant de Herkimer

V. LE CRISTAL DANS VOTRE VIE

1. Choix du cristal

Ceci est vraiment un domaine qui ne concerne que vous, on ne discute pas les goûts de chacun ; la variété des formes, des tailles et des structures internes vous offre l'embarras du choix. Aussi faut-il vous laisser guider par le cristal qui va vous appeler. Laissez-le vous choisir.

Voici la méthode : lorsque vous entrez dans une boutique ou chez un marchand de cristaux, laissez vos yeux parcourir l'ensemble des cristaux, sans les arrêter spécialement sur aucun, il y en aura un qui accrochera votre regard plus que les autres ; regardez-le bien. Essayez de sentir s'il vous correspond ; s'il vous plaît, c'est le bon. S'il ne vous plaît pas, recommencez jusqu'à votre pleine satisfaction. Même si les cristaux ne sont pas des pierres précieuses, ils ne sont pas gratuits et un cristal de grande taille sera cher. Aussi faut-il trouver un moyen terme entre vos désirs et vos possibilités. Il vous faut également déterminer le type de cristal qui vous convient selon l'usage auquel vous le destinez. Par exemple : si vous devez porter un cristal dans la poche, ne dépassez pas 70 g, au-delà il serait trop lourd. Par contre, si vous devez choisir un cristal de méditation pour un groupe de vingt personnes, choisissez-en un qui pèse 1 kg ou plus.

Si vous habitez une région où l'on trouve des cristaux, vous avez beaucoup de chance car le cristal que vous découvrirez vous-même dans la nature, aura pour vous une histoire et une vibration spéciales. En effet, c'est un moment magique de partir en promenade dans une région choisie, dans les Alpes ou dans le Massif Central (si vous êtes en France), de vous laisser guider intérieurement vers une zone où des cristaux transparents émergent de la roche et de trouver, en pleine nature, le cristal qui vous convient.

Il se peut aussi que ce cristal vienne à vous sans que vous l'ayez décidé vous-même. Peut-être nombre de vos amis ont-ils déjà des cristaux et l'un d'entre eux vous en offre un. Recevez ce cristal avec gratitude, mais testez-le ensuite pour savoir s'il est bon pour vous. Si c'est un ami très proche, il ne se sera sûrement pas trompé. Si la personne vous connaît peu, le cristal ne vous correspond peut-être pas. Mais il y a un critère que nous allons étudier dans le chapitre suivant, et qui doit peu à peu guider vos choix de cristaux : c'est la compatibilité chromatique.

En effet, chaque personne est reliée par résonance à la lumière blanche qui représente symboliquement le principe créateur, mais cette personne est aussi en résonance avec les trois couleurs primaires (appelées couleurs lumière) : le rouge, le bleu, le vert ; et parmi ces trois couleurs, il y en a une principale dans l'axe du corps et les deux autres de part et d'autre ; de même les cristaux sont reliés à la lumière blanche et aussi à l'une de ces trois couleurs primaires au centre, sur leur facette principale.

En thérapie, il est préférable de travailler avec des cristaux qui ont la même résonance chromatique que vous, c'est plus efficace.

2. Étude chromatique des cristaux

Quand on travaille avec les cristaux de roche, on est amené à travailler avec les couleurs. Très vite, couleurs et cristaux deviennent indissociables. D'abord parce qu'il existe de très nombreuses variétés de cristaux de couleur (les pierres précieuses et décoratives) et ensuite parce que, si le cristal de roche vibre sur la longueur d'onde de la lumière blanche sur le plan électromagnétique, il inclut toutes les couleurs. Chaque cristal est relié aux trois couleurs fondamentales primaires, mais plus spécialement à l'une d'entre elles.

Mais qu'appelle-t-on couleurs primaires ?

Genèse du cercle chromatique

C'est Newton qui redécouvrit les lois de la dispersion de la lumière blanche en sept couleurs, celles de l'arc-en-ciel. Il reproduisit en laboratoire avec un prisme son observation et il obtint plusieurs lignes de couleur qui s'ordonnaient du rouge au violet (rouge, orange, jaune, vert, bleu, indigo, violet). Il en conclut que la lumière blanche devait être constituée par ces couleurs, et il démontra qu'on pouvait reconstituer la lumière blanche en faisant tourner un disque sur lequel étaient placées seulement trois couleurs : le vert, le rouge et le bleu. Ce sont les trois couleurs primaires ou “couleurs lumière” que l'on retrouve dans les points de couleur sur un écran de télévision, ou bien les trois couleurs d'un projecteur vidéo.

Le docteur Ghadiali (1875-1966) reprit les travaux de Newton et les poursuivit. En superposant deux faisceaux lumineux vert et rouge, il obtint du jaune ; de même en superposant deux faisceaux vert et bleu, il obtint une sorte de turquoise : le cyan. Avec deux faisceaux rouge et bleu, il obtint une sorte de rose fuschia : le magenta. Chaque imprimeur connaît bien ces trois couleurs : le jaune, le cyan et le magenta. Ce sont les couleurs secondaires ou “couleurs matière” qu'il utilise chaque jour pour recréer la quadrichromie des centaines de teintes différentes.

En disposant sur un cercle les trois couleurs primaires (vert, rouge et bleu) aux pointes d'un triangle inscrit dans ce cercle, se crée un autre triangle de la trinité chromatique secondaire (jaune, cyan, magenta), qui s'enlace au premier triangle pour former le sceau de Salomon. C'est une clé très importante dans la genèse des couleurs (figure 17).

En se combinant entre elles, ces six couleurs donnent six couleurs tertiaires, entre les pointes de l'étoile : orange, citron, turquoise, indigo, violet, écarlate.

Ghadiali classifia les substances chimiques utilisées, en pharmacopée, par symboles, formules, poids atomiques et équivalences colorées. Il établit des correspondances entre les couleurs, les chakras et les organes correspondants. Ghadiali pensait, ce que

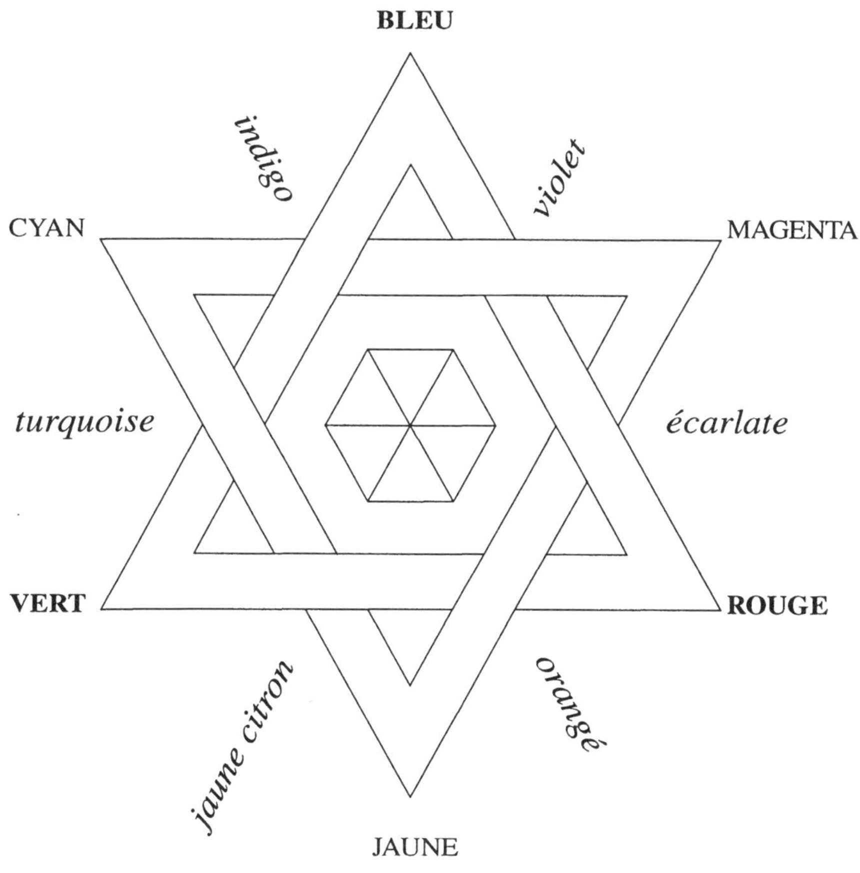

Figure 17 : sceau de Salomon chromatique avec un cristal de roche (lumière blanche) placé en son centre
Le triangle des couleurs lumière (rouge, vert, bleu) s'interpénètre avec le triangle des couleurs matière (jaune, cyan, magenta).

confirme l'homéopathie, que les vibrations du spectre coloré d'un corps étaient aussi efficaces que sa composante matérielle, présentant en outre l'avantage de ne pas intoxiquer. Aussi préférait-il administrer les vibrations colorées du médicament plutôt que le médicament lui-même.

Les couleurs agissent en résonance avec les plans vibratoires subtils de l'être qui gouvernent fonctions et organes (cf. recherches en cardiologie à l'hôpital Ambroise Paré).*

Jean-Michel Weiss – qui a repris les éléments de cette étude de Ghadiali – a déjà mis au point des techniques très performantes de chromathérapie avec plus de neuf cents teintes gérées par ordinateur.

Chaque cristal est donc relié à l'une des trois couleurs primaires sur sa facette principale, c'est sa couleur centrale. Cette facette principale se définit par la plus large facette triangulaire de la pointe ainsi que par la facette rectangulaire qui lui correspond. Cette facette principale sera reliée au rouge, au vert ou au bleu et on trouvera les deux autres couleurs de la trinité chromatique primaire de part et d'autre de cette facette. Ceci implique la relation étroite qui existe entre le rhomboèdre à coupe hexagonale du cristal de roche et le sceau de Salomon.

La capacité d'élever le taux vibratoire d'un espace ou d'une maison et d'en neutraliser les nuisances à l'aide d'un sceau de Salomon chromatique, associé à un cristal de roche, a été mise en évidence par les travaux du Dr Dominique Bourdin et de Jean-Michel Weiss.

• Recherche des couleurs du cristal

La couleur de la facette principale peut être aisément découverte à l'aide d'un pendule ou d'une antenne de Lecher ** (figure 18).

** D'après un reportage sur les travaux de J.-M. Weiss et de Ghadiali.*
*** Le "Guide pratique d'utilisation de l'antenne de Lecher" du même auteur disponible aux Editions Trajectoire.*

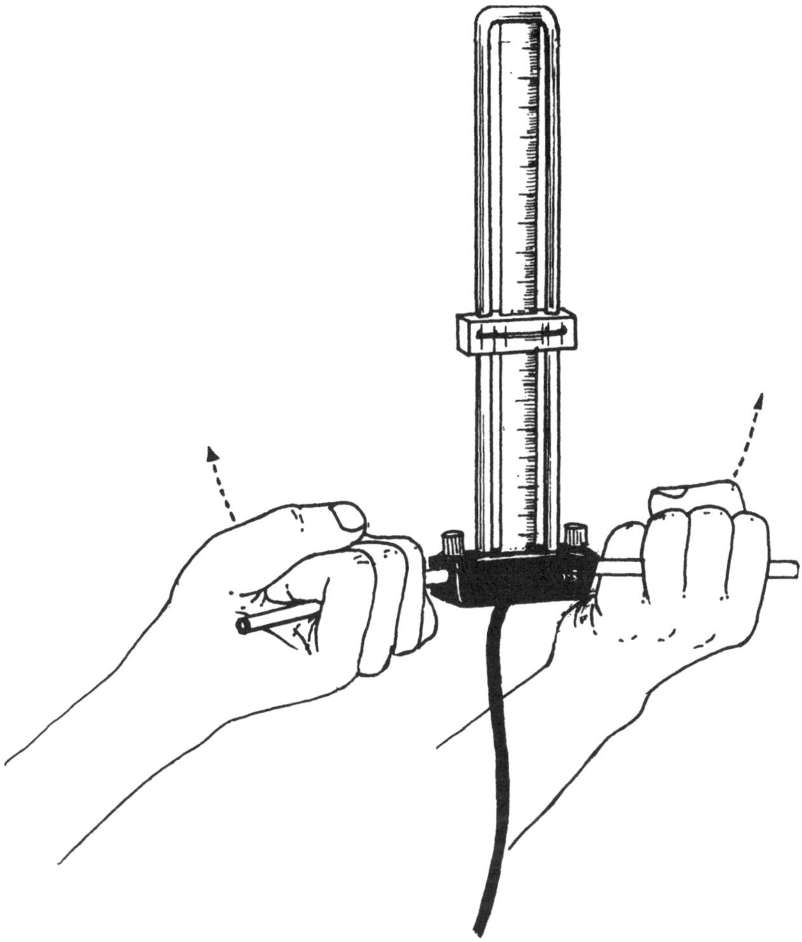

Figure 18 : position des mains pour le maniement de l'antenne de Lecher

Il faut maintenir une légère pression vers le haut dans le sens des flèches. L'antenne bascule en présence d'un test positif.

Disposez le cristal avec la facette principale vers le haut, sur la masse de l'antenne qui est reliée par un fil ; réglez l'antenne sur 12, valeur pour la recherche des couleurs. Disposez les trois diapositives verte, rouge, et bleue sur la table, un peu écartées les unes des autres, et testez chaque couleur au-dessus de chacune des autres couleurs. L'antenne réagira sur l'une des trois diapositives, ce qui déterminera la couleur primaire centrale du cristal (figure 19). Ensuite, en faisant tourner le cristal sur une autre facette, on peut déterminer avec quelle couleur celle-

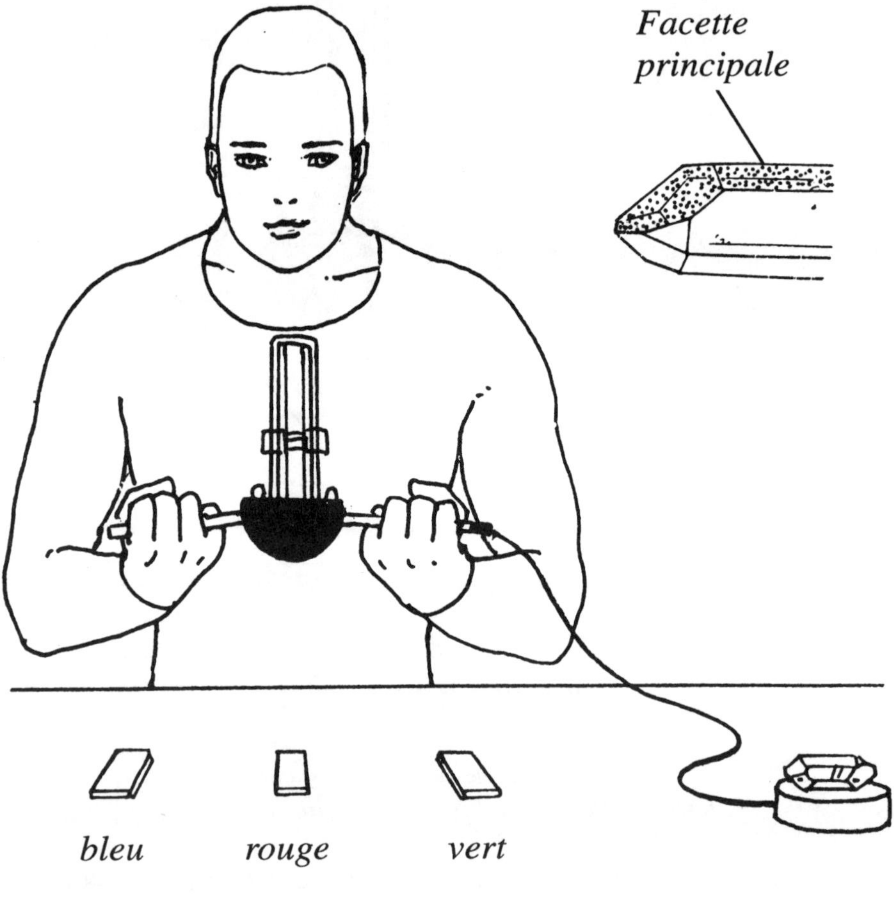

Figure 19 : test de la couleur d'un cristal avec l'antenne de Lecher

ci est en résonance.

Les cristaux peuvent donc être (figure 20) :

- rouge en primaire centrale, bleu à droite et vert à gauche
- rouge en primaire centrale, vert à droite et bleu à gauche
- vert en primaire centrale, rouge à droite et bleu à gauche
- vert en primaire centrale, bleu à droite et rouge à gauche
- bleu en primaire centrale, rouge à droite et vert à gauche

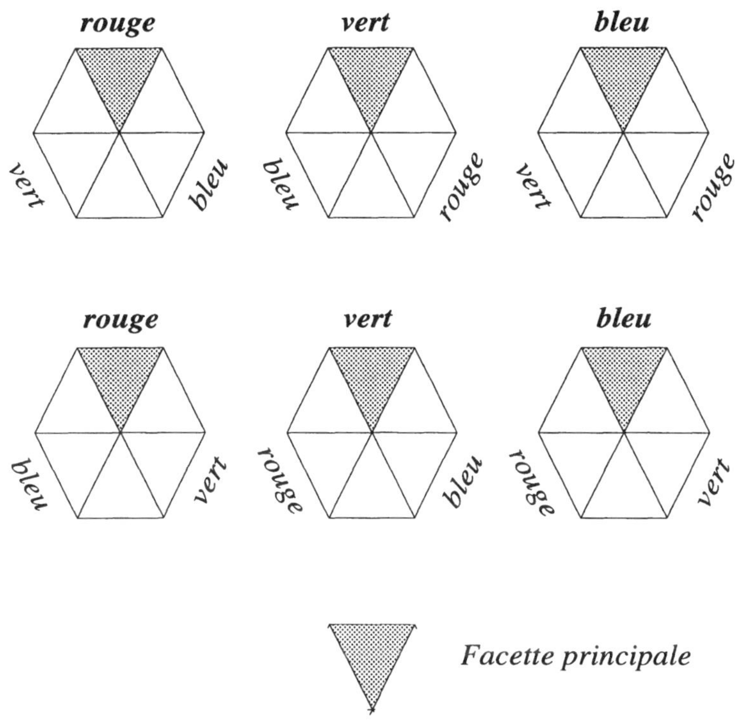

Figure 20 : les six combinaisons chromatiques des cristaux

- bleu en primaire centrale, vert à droite et rouge à gauche.

Tous ces tests peuvent, bien sûr, être réalisés avec un pendule et on obtient le même résultat, mais l'antenne de Lecher donne une lecture directe.

Chaque être humain est relié à la lumière blanche qui représente symboliquement la première manifestation de l'énergie dans le plan visible et, de même, il est en résonance, au centre de lui-même, avec l'une des trois couleurs lumière primaires, qui révèle aussi un caractère dominant, ou une aptitude potentielle.

Ainsi chaque être humain possède en lui les trois couleurs primaires, mais s'il est relié à la couleur rouge comme couleur principale centrale, le rouge étant relié à la vie, le domaine où il sera le plus performant sera la créativité et l'organisation ; c'est la couleur de l'artiste ou de l'organisateur.

Si sa couleur centrale est le vert, elle révèle un altruisme prononcé : c'est la couleur du cœur et c'est donc la couleur du thérapeute ou du guérisseur.

Enfin, si la couleur centrale est le bleu, qui est à la fois mental et spirituel, ces personnes seront concernées par l'intellect, le mysticisme ou la recherche de la connaissance. Ce sera du moins un domaine dans lequel elles vont exceller.

Il est bien certain que chacun de nous peut tout faire, car il a en lui toutes les couleurs ; mais il y a des choses qu'il peut faire mieux que d'autres. Comme les cristaux, chaque personne résonne, à droite et à gauche de sa couleur centrale primaire, avec l'une des deux couleurs primaires restantes.

Donc, dans le choix d'un cristal, pour réaliser un travail très précis comme la thérapie, il est important que les cristaux soient sélectionnés en fonction de la couleur du thérapeute. Mais rassurez-vous, si on vous offre un cristal ou si vous en possédez déjà et qu'ils ne correspondent pas à votre couleur, ce n'est pas grave du tout. Ils ont leur rôle auprès de vous et ne peuvent en aucun cas vous être néfastes. Vous allez faire sans doute un excellent travail avec eux.

3. Purification du cristal

Depuis la pegmatite d'où le mineur l'a extrait, votre cristal a beaucoup voyagé ; d'abord dans la besace d'un *garimpero* brésilien, ou dans le baquet d'un mineur américain, ensuite dans un bain d'acide muriatique pour dissoudre la calcite qui le recouvre, puis jusqu'au dépôt de la mine ; et de là chez le grossiste qui en prend livraison dans les *drums* (tonneaux de métal utilisés pour exporter les cristaux), à la douane puis enfin à la boutique où vous le trouvez. Tous ces lieux sont autant d'occasions pour votre cristal de se charger d'énergies hétérogènes, lourdes et inopportunes.

Donc, dès que vous recevez un nouveau cristal – il en serait de même s'il s'agissait d'un bijou avec une pierre de couleur –, il est indispensable de le purifier ; cette opération doit être ensuite renouvelée régulièrement, surtout si vous l'utilisez souvent.

Tous les thérapeutes qui utilisent des cristaux les purifient entre chaque traitement, comme le ferait une infirmière avec du matériel de chirurgie. La seule différence est que, pour le cristal, ce sont des vibrations qu'il faut neutraliser et non des bactéries ou des virus. Il existe de nombreuses techniques de purification. Certaines sont aussi élaborées qu'un rituel de magie et d'autres beaucoup plus simples. Chacun trouvera la manière qui lui conviendra le mieux.

• Purification par la terre

C'est une très belle technique qui consiste à planter un cristal au pied d'un grand arbre ou dans un lieu dégagé pour lui permettre de "remettre à la masse" ce dont il est chargé. Il se retrouve en contact avec sa matrice primordiale et se redynamise grâce au tellurisme et au champ éthérique de l'arbre (figure 21).

Figure 21 : purification par la terre

Prenez soin de tester le tellurisme et le sous-sol du lieu, pour éviter de charger votre cristal avec des énergies que vous ne souhaitez pas.

• Purification par le feu

On peut faire passer le cristal au travers de la fumée d'une combustion d'encens de benjoin ou de Jérusalem, ou bien d'une plante purificatrice comme la sauge ou le cèdre.

Pour cette fumigation, on peut utiliser des charbons pour encens (que vous placez dans un récipient métallique pour éviter un incendie).

Allumez-les et versez sur les charbons incandescents quelques grains d'encens ou quelques brindilles d'herbe séchée. Ensuite, faites baigner votre cristal dans cette fumée odorante, ce qui aura l'avantage de vous purifier et de purifier la pièce en même temps. Mais utilisez cette fumigation avec une certaine précision, car elle modifie votre environnement énergétique et n'agit pas seulement sur le cristal.

Vous devez au préalable "installer les plans", c'est-à-dire organiser la pièce, la ranger, la nettoyer, organiser les énergies psychiques dans ce lieu par une petite méditation pacificatrice. Ensuite, la fumigation va parfaire ce travail, en réalisant un branchement avec le monde invisible.

La fumée et la flamme peuvent être les véhicules de la prière car elles nous ouvrent une porte sur d'autres dimensions.

• Purification par l'eau

Une technique très dynamisante consiste à laisser le cristal quelques jours dans une source, ou sous une cascade, ou dans la mer (attention de ne pas le perdre). Mais tout le monde n'a pas cette possibilité. Pour purifier ou déprogrammer un cristal, vous pouvez simplement le passer sous l'eau courante car l'eau aura un effet similaire à celui qu'elle a sur votre corps.

C'est une technique rapide mais assez superficielle. Vous pouvez, bien sûr, amplifier le pouvoir de l'eau en visualisant les impuretés qui se dégagent et en créant une onde purificatrice qui accompagne cette eau. Il est préférable, si vous avez le temps, de purifier les cristaux avec de l'eau salée.

Laissez le cristal pendant une nuit ou plus dans un bol en terre avec de l'eau pure et quelques cuillères à soupe de sel gris naturel ; ou bien vous pouvez même

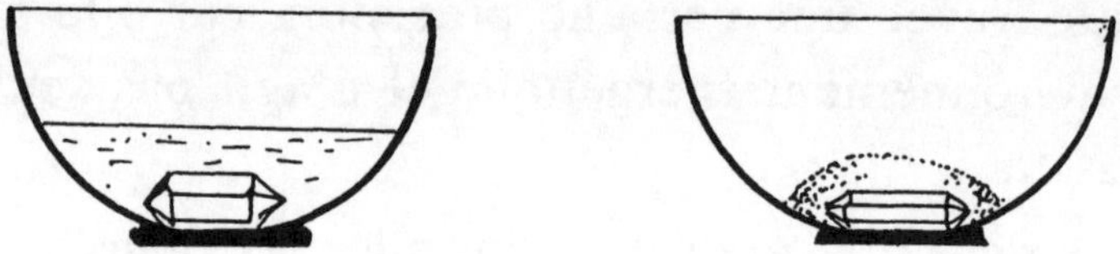

Figure 22 : purification par de l'eau salée ou du gros sel naturel

utiliser du gros sel pur dont vous recouvrez le cristal ; ensuite laissez une nuit ou plus, puis rincez le cristal (figure 22).

Enfin jetez l'eau salée dans l'évier ou dans une rivière avec le désir de la régénérer, ainsi les énergies négatives dont elle est chargée seront transformées en énergies positives dans le fleuve ou dans la mer.

Par contre, vous pouvez garder le gros sel pour les fois suivantes, mais ne l'utilisez pas pour la cuisine ! Ensuite jetez-le dans l'évier avec la même intention de régénération que pour l'eau salée.

• Purification par l'air

Vous pouvez également purifier un cristal par le souffle (figure 23).

Pour cela, tenez-le dans vos mains à hauteur de la bouche, et soufflez dessus en le faisant tourner sous toutes

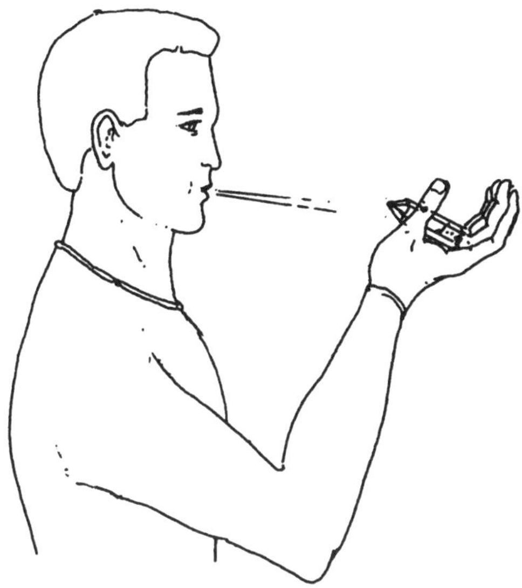

Figure 23 : purification par le souffle

ses facettes et en visualisant un courant d'énergie qui le traverse et le dégage de ses énergies lourdes et denses.

Vous pouvez aussi le laisser dans un endroit très venté où le déplacement et l'ionisation de l'air vont le purifier.

• Purification par la lumière

Vous pouvez purifier un cristal grâce à la lumière du soleil, cela le dynamisera en même temps. Laissez-le au moins un jour complet au soleil avant de vous en servir.

Toutes ces techniques de purification concernent, comme vous avez pu le constater, les cinq éléments : la terre, le feu, l'eau, l'air et la lumière.

Le son qui est relié au Verbe a aussi un pouvoir

purificateur très puissant. En effet, certaines musiques peuvent être utilisées pour purifier les cristaux.

On peut, si on le désire, utiliser toutes ces techniques l'une après l'autre, ou bien l'une d'entre elles seulement. Mais elles sont bien peu de chose si elles ne sont pas accompagnées de la visualisation et de l'intention de purifier, qui sont les véritables outils et les véhicules de la force de l'esprit.

4. Programmation du cristal

Il est facile de purifier un cristal, comme nous l'avons vu précédemment, et notamment par la visualisation. Vous pouvez également programmer un cristal par cette même technique, en pensant simplement à quel type de fonction vous le destinez. Par exemple :

- si le cristal est destiné à guérir, il peut servir à disperser, à dégager, à redynamiser, ou à régénérer, etc.

- si le cristal est destiné à la méditation, installez-le dans le lieu prévu à cet effet. Après votre séance du matin, vous partez toute la journée à l'extérieur pour travailler et gagner de l'argent ou bien faire des courses ; lorsque vous revenez à la maison, le soir, votre taux vibratoire s'est modifié, comparé à celui du matin, et vous êtes un peu "éclaté", nerveux ou fatigué. Le cristal, lui, n'a pas bougé, il a conservé la qualité du taux vibratoire de votre séance du matin et il peut vous servir de référence. Il vous donne la note, et cela vous rebranche. Dans ce cas, la programmation s'est créée automatiquement à cause de sa fonction.

Bien sûr, quand vous rentrez chez vous, pour éviter de polluer votre cristal ainsi que votre maison, il est indispensable de vous décharger d'abord de toutes les énergies lourdes, incohérentes et agressives que votre aura ou votre mental ont enregistrées. Restez donc un petit instant à l'extérieur, dix minutes par exemple, pour "décanter" avant d'entrer chez vous, sur le palier, dans le jardin ou dans la voiture, pour éviter de ramener dans votre assiette ou dans votre chambre à coucher trop de pollutions psychiques qui viennent de la rue ou de l'extérieur. Prenez conscience que vous êtes aussi, comme le cristal, une sorte d'éponge pour les énergies, et que vous avez besoin de soins énergétiques constants pour vous recaler sur votre ligne essentielle, et pour transformer l'énergie enregistrée en séparant le subtil de l'épais.

Pour programmer un cristal, exprimez très clairement dans votre tête ce que vous attendez de lui, par exemple :

- augmenter votre dynamisme
- renforcer votre santé
- calmer vos émotions ou votre mental
- subtiliser votre intuition
- vous aider à créer une communication avec votre guide spirituel ou un plan d'inspiration.

Ensuite, prenez le cristal et visualisez fortement ce que vous voulez en le tenant entre vos mains.

Comme nous l'avons vu, le choix d'un cristal en vue de le programmer va bien au-delà de sa forme, car c'est vraiment un être d'énergie qui rayonne, transforme, disperse ou concentre. Cet être peut entrer en syntonie avec votre vie et vos activités.

5. Nettoyage du cristal

Fréquemment vous devez nettoyer votre cristal. Si vous n'avez pas le temps de procéder à votre protocole de purification habituelle, vous pouvez prendre le cristal dans vos mains, devant vous, et visualiser une énergie vibrante qui descend sur votre cristal comme une douche d'énergie lumineuse ou aquatique, et qui le débarrasse de toutes ses impuretés, de ses charges et de sa négativité. Mais ensuite, avec cette même force de pensée, transformez les énergies négatives dont vous avez débarrassé votre cristal. Séparez la partie la plus fine qui va se réintégrer dans le plan de la lumière et laissez réabsorber la partie la plus dense de ces énergies par le plan métallique-magnétique terrestre. Il est bon de ne pas faire les choses à moitié, les énergies négatives qui seraient seulement déplacées hors du cristal risqueraient en effet de gêner quelqu'un d'autre ou de revenir vers vous. Si vous avez le temps, alors utilisez, pour la purification, de l'eau salée pendant un jour ou deux.

6. Utilisation courante

• Dynamisation des boissons

Les cristaux sont très faciles à utiliser pour dynamiser ce que vous absorbez et ils vont communiquer, par leur rayonnement, une vibration plus élevée à vos aliments et vos boissons, comme ils le font pour votre corps.

Prenez une carafe en verre, remplissez-la d'eau pure ou d'eau de Volvic, ou du Mont Roucous (ce sont des eaux peu minéralisées qui ont une balance électrique équilibrée) et placez au fond un cristal que vous aurez purifié et programmé à cet usage. Laissez reposer une nuit. Vous pourrez consommer le lendemain une eau qui aura enregistré les hautes vibrations du cristal (figure 24).

On peut coupler ce traitement de l'eau par les cristaux à un autre traitement qui est la solarisation. Pour cela, il suffit d'exposer l'eau au soleil pendant quelques heures. Le soleil va la recharger et activer le cristal. Vous pouvez donc obtenir encore plus de vibrations (n'utilisez pas de bouteilles en plastique pour la solarisation). Les techniques de guérison par les couleurs, qui consistent à faire passer la lumière solaire ou la lumière d'une lampe à travers des filtres colorés pour charger de l'eau, peuvent être aussi ajoutées à cette dynamisation par les cristaux. Si vous n'avez pas le moyen de tester la ou les couleurs qui vous manquent, vous pouvez solariser votre eau avec un spectre coloré complet, c'est-à-dire un filtre constitué des sept couleurs de l'arc-en-ciel : l'eau prendra ce qui lui manque et votre corps aussi, quand vous la boirez.

Figure 24 : dynamisation des aliments, des boissons et des plantes

• Dynamisation des aliments

La prise de conscience progressive du monde de l'énergie et des vibrations doit vous amener à reconsidérer votre manière de vous nourrir. Choisissez de préférence des aliments dont les hautes vibrations vont communiquer à vos différents corps toutes les richesses qu'ils renferment sur tous les niveaux. Ces aliments à haute vibration sont essentiellement des fruits et des légumes extrêmement frais, ou bien des graines germées qui ont un potentiel énergétique prodigieux, du miel ou des laitages crus.

Ces vibrations qui nous viennent du soleil sont très fines et fragiles. La cuisson, la congélation, la conservation les détruisent irrémédiablement. Un aliment sans vibration ne nourrit que notre corps physique. Si vous devez consommer un plat avec peu de vibrations, il est intéressant de le dynamiser par un cristal et une visualisation pour en élever les vibrations (figure 24).

Placez votre cristal près de l'assiette et visualisez un faisceau de lumière dorée qui descend du plan spirituel jusqu'à la pointe de votre cristal ; celui-ci va rayonner cette énergie en l'amplifiant sur votre plat et sur vous-même. Vous pouvez utiliser de nouveau le cristal ainsi programmé pour dynamiser une coupe de fruits ou votre réfrigérateur. Réactivez régulièrement cette programmation par une visualisation.

• Le cristal et les enfants

Les enfants sont extrêmement sensibles aux énergies du cristal. À son contact, certains peuvent même vivre des expériences étonnantes, par exemple, entrer en contact avec l'être du cristal et recevoir les informations que ce cristal peut communiquer. Donc laissez vos enfants les approcher et les toucher, apprenez-leur à respecter les cristaux : “Ce ne sont pas de vulgaires cailloux...”

Si un enfant est nerveux ou agité, mettez un cristal dans sa chambre près de son lit, vous serez étonné du résultat : non seulement il va se calmer, mais la compagnie de ce cristal favorisera l'éveil de sa nature et de son expression, en dissolvant d'éventuels blocages. En effet, les deux premières années de la vie, et les neuf mois de vie intra-utérine sont des périodes cruciales où l'enfant enregistre de nombreuses impressions traumatisantes, car il n'a pas encore de barrières psychiques pour se protéger.

Souvent, ces traumatismes entraînent des blocages de l'énergie vitale que le cristal peut neutraliser, évitant ainsi des comportements aberrants. Il restera bien sûr à entretenir la fluidification de l'énergie jusqu'à ce que l'enfant puisse solutionner en conscience d'éventuels traumatismes.

Vous pouvez aussi faire porter à vos enfants un petit pendentif en cristal de roche. Il en existe de toutes les tailles et même pour bébé. Prenez soin cependant de l'enlever régulièrement pour éviter de suractiver un centre vital au détriment des autres. Apprenez-leur à le nettoyer, à le purifier ou faites-le pour eux. Vous serez étonné de voir combien facilement les enfants communiquent avec une vision de l'énergie et combien ils aiment jouer avec.

• Le cristal et les animaux

Comme les enfants, les animaux sont très sensibles et très réceptifs aux énergies du cristal. Il m'est arrivé de réaliser un massage énergétique sur un chat avec un cristal. Il est entré en relaxation profonde, ce qui est assez peu courant. En effet, tant que vous êtes autour de lui, à vous agiter, le chat reste en éveil, ou ne dort que d'un œil. Vous pouvez utiliser les cristaux pour guérir des blessures et obtenir des cicatrisations accélérées.

Chaque aquarium devrait avoir une belle pointe ou une fleur de cristal. De même dans les volières, pensons à nos amis captifs et, à défaut de leur ouvrir la porte pour les libérer, peut-être pourrions-nous les dynamiser tant qu'ils sont en notre compagnie. Placez donc un cristal près du nid de votre perruche ou de votre canari. Les chiens peuvent porter un petit pendentif de cristal de roche au collier ; vous pouvez programmer ce cristal pour protéger votre compagnon.

La liste est sans fin et vous la compléterez sans difficulté en trouvant une utilisation qui concerne votre animal favori.

• Le cristal et les plantes

Au début des années 70, Cleve Backster, ancien spécialiste des interrogatoires de la CIA, réalisa une série d'expériences psychiques avec des plantes. Il relia une plante à un galvanomètre appelé vulgairement "détecteur de mensonges" pour mesurer de très faibles différences de potentiel et détecter ainsi les réactions émotionnelles des plantes à différentes sortes de stimulations, comme la musique, la menace ou l'agressivité, etc. Ces expériences ont prouvé que les plantes réagissent à leur environnement immédiatement et qu'elles sont sensibles à la pensée.

Vous pouvez réaliser avec des cristaux des expériences qui auront des résultats étonnants.

Placez des pointes de cristal ou une fleur de cristal dans vos plantes en pot ou dans votre jardin, de manière à dynamiser leur croissance. La plante est immédiatement sensible à la vibration du cristal. Prenez cependant soin de nettoyer vos cristaux souvent, car ils se chargent et, une fois qu'ils sont saturés, ils restituent à la plante les énergies négatives desquelles ils l'ont protégée.

Vous pouvez mesurer les enveloppes auriques de vos plantes avant et après avoir installé les cristaux. Cela vous permettra de choisir un cristal optimum pour chacune d'entre elles.

• Bijouterie cristal

Cette redécouverte des vertus et des propriétés du cristal de roche a été aussi à l'origine de diverses créations de bijoux qui sont non seulement très beaux mais aussi opératifs.

Il en existe de nombreuses sortes dont quelques spécimens sont présentés ici :

- pendentifs simples en cristal à une ou deux pointes, dont certains sont repolis et d'autres bruts ;
- pendentifs avec une deuxième pierre montée sur un cristal biterminé. Cette petite pierre précieuse est choisie en fonction de ses vertus thérapeutiques ou de sa couleur et elle se trouve amplifiée par le cristal sur lequel elle est posée ;
- pyramides de cristal qui associent les propriétés du cristal à celles des pyramides ;
- galets en cristal qui véhiculent une énergie très *yin* reliée à l'eau qui les a roulés ;
- boucles d'oreilles ;
- bagues diverses.

Tous ces bijoux doivent être, bien sûr, nettoyés et purifiés soigneusement avant leur utilisation et de même repurifiés régulièrement, surtout les améthystes qui se chargent très rapidement.

Pour choisir un bijou cristal, servez-vous de votre sensibilité, ressentez un appel, une attirance, ensuite vérifiez sa couleur et testez s'il vous convient.

Mais surtout n'oubliez pas de l'enlever la nuit et de ne pas le porter tous les jours. Là aussi faites jouer votre intuition.

Faites comme d'habitude avec la bijouterie classique : un jour une chose, un jour une autre. Laissez-vous guider et changez de pierre et de hauteur de chaîne.

En effet, si vous portez un cristal jour et nuit sur le même centre, cardiaque pour les chaînes longues, et laryngé pour les chaînes courtes, vous risquez de suractiver un centre par rapport aux autres et de vous déséquilibrer.

Essayez de sentir ce qui est bon pour vous ; dans le doute, testez au pendule.

Deuxième chapitre

STRUCTURE DE L'ÊTRE HUMAIN

Toutes les manifestations de notre réalité sont issues d'autres réalités invisibles à nos yeux. Toutes ces réalités sont comme différentes dimensions qui s'emboîtent les unes dans les autres à la manière des poupées russes et dont chacune contient la programmation de la suivante.

On retrouve une structure similaire dans le processus d'un objet manufacturé : un industriel lance une étude de marché qui fait apparaître un besoin. Un bureau d'études élabore ensuite un projet, des plans et un prototype. Si le prototype est satisfaisant, il donnera naissance à une production en série à l'usine. Et alors seulement, l'objet sera manifesté aux yeux de tous, "visible" dans les boutiques.

Le processus qui structure la création d'un objet doit nous servir de fil conducteur pour appréhender la manifestation du corps physique, et évidemment cette dimension d'incarnation nous laisse deviner la présence d'une structure rigoureuse en amont de cette manifestation.

L'être humain est en effet constitué de sept corps, dont le plus élevé, le corps divin, a pris la décision de s'incarner.

Entre le corps divin et le corps physique, il existe cinq autres corps qui relaient l'énergie et l'organisent pour que tous les niveaux fonctionnent.

On trouve donc, en partant du corps physique :

1. le corps physique (substantiel)
2. le corps éthérique (de vie)
3. le corps astral (émotions)
4. le corps mental (pensée)
5. le corps causal (âme)
6. le corps atmique (christique)
7. le corps divin (monade).

Les précisions et schémas présentés dans cet ouvrage à propos des corps subtils, des centres et des visualisations diverses, ont été réalisés dans un souci de représentation pour un niveau mental. Mais cette représentation partielle ne doit pas occulter une réalité énergétique, bien plus complexe et plus vibrante, que chacun devra découvrir par lui-même.

I. LE CORPS PHYSIQUE

Le corps physique est aussi appelé corps d'expression, c'est la partie visible de l'immense iceberg que constitue l'être humain. Il a un rayonnement électromagnétique qui s'étend de 1 à 2 cm autour de lui. Avec ce véhicule, nous pouvons nous manifester dans la troisième dimension et ainsi permettre un arrimage au contact de la matière dense pour que les autres corps puissent s'exprimer.

L'humanité a un corps physique qui est très malade parce que l'homme ne vit pas en harmonie avec ses véhicules supérieurs. Pour la majorité des humains, cette rupture de communication, cette déconnexion entre le mental et le plan spirituel, a généré un mental déséquilibré. Dans le plan physique, ce déséquilibre produit toutes sortes de dérèglements et de pollutions.

À l'inverse, quand un être tente de renouer le contact avec des plans plus élevés, il a la nécessité de reprendre un contrôle sur son corps physique et d'engager un processus de purification, car seule cette transparence, qui le rapproche du cristal, le rapproche aussi de son essentialité.

Cette purification concerne d'abord la nourriture. Essayez de vous nourrir sainement et d'une manière variée et équilibrée. Évitez la cuisine grasse et lourde qui vous rend inerte, ainsi que la cuisine relevée à base de poivre et de piment, qui accentue l'acidité. Mangez modérément et choisissez en priorité des aliments qui ont gardé un rayonnement maximum, que ni la conservation ni la cuisson n'ont altérés (légumes, salades, céréales, fruits frais et secs, œufs, laitages et miel).

Nous avons étudié dans le paragraphe *Dynamisation des aliments* les différents moyens de relancer ce rayonnement éthérique par le cristal. Si vous n'êtes pas végétarien, essayez de diminuer progressivement les produits carnés ; la notion de progressivement est importante, car une rupture trop brutale avec vos habitudes entraînerait un choc en retour avec un résultat inverse de celui que vous souhaitez ; donc ménagez-vous quelques mois de transition.

Pour les boissons, préférez les jus de fruits frais et les laitages plutôt que les classiques thé, café, alcool ; mais la meilleure boisson est encore l'eau, que vous pouvez dynamiser avec un cristal.

Les aliments nourrissent non seulement le corps physique mais aussi tous les autres véhicules, jusqu'au corps spirituel. Encore faut-il que l'humain les intègre à tous les niveaux. Ainsi, il est possible d'élever les vibrations de votre nourriture jusqu'au plan divin en s'accordant un instant de consécration. Alors, chacun de vos corps va pouvoir y puiser des réserves.

Notre corps physique est un temple, d'où la nécessité de l'entretenir et de le nettoyer soigneusement. Notre peau expulse constamment des toxines par les pores et se régénère en repoussant des cellules mortes à l'extérieur. Une peau saine respire mieux et peut ainsi assimiler plus d'énergie subtile. Faites des automassages avec un galet ou un œuf de cristal pour élever votre taux vibratoire.

De plus, la peau du corps se charge d'électricité statique et d'ions positifs. L'eau courante et le savon neutralisent ces nuisances. Pendant que vous vous lavez, communiquez avec l'Ange de l'Eau pour qu'il vous purifie au niveau physique, au niveau mental et spirituel. Installez une fleur de cristal dans votre salle de bains, pour créer un fort courant de purification et programmez cette fleur à cet usage.

Prendre des bains de soleil est également très vitalisant pour le corps et le système énergétique, cela renforce les défenses immunitaires. Prenez garde néanmoins de ne pas en abuser pour éviter un excès de rayonnement ultraviolet.*

Pratiquez un jeûne d'un jour au minimum à chaque solstice et plus souvent si vous le sentez, en prenant soin de faire un lavement d'intestin en même temps. Si vous êtes un adepte des jeûnes prolongés, renseignez-vous bien sur les précautions à prendre, car ces pratiques, excellentes certes, déséquilibrent profondément le métabolisme ; il faudra donc réajuster ce que vous aurez modifié.

---

* *"Çakras et l'Initiation" de Michel Coquet.*

Utilisez des vêtements en fibre naturelle : coton, laine ou lin. Les vêtements synthétiques sont en effet générateurs d'électricité statique.

La drogue, le tabac, le café et l'alcool sont nocifs, mais pas seulement pour le corps physique, car tous ces alcaloïdes bouleversent parfois irrémédiablement l'équilibre entre les différents corps. Chaque bouffée ou chaque prise ou gorgée injectent dans votre corps de lumière des accrochages de destruction qui sont les germes de votre futur enchaînement.

Endormez-vous en ayant soin de vous rebrancher sur vos différents véhicules à l'aide d'une prière ou d'une méditation, avec votre cristal de méditation.

Tous ces conseils à propos de nourriture, de boisson, d'hygiène et de sommeil peuvent paraître un peu ascétiques ou extrémistes ; en fait, ce ne sont que les conditions minimales d'un bon fonctionnement de vos sept corps. Il ne vous viendrait pas à l'idée de mettre du gasoil dans un moteur à essence ; chaque mécanique requiert certaines conditions pour un fonctionnement optimum.

II. LE CORPS ÉTHÉRIQUE

Le corps éthérique est le véhicule de l'essence vitale du corps. Il contient le programme d'organisation du corps physique et de l'énergie de vie. Cette énergie circule à travers les méridiens et se concentre en créant des centres vitaux, véritables tourbillons d'énergie spiralés qui rayonnent à partir de l'axe du corps physique ; ils sont appelés chakras en sanskrit, ce qui signifie roues.

Ces centres sont en contact avec la moelle épinière jusqu'au liquide cérébrospinal et rayonnent vers l'avant du corps. Ils sont en relation avec les sept corps de l'être corps. Ils sont en relation avec les sept corps de l'être humain et leur bon fonctionnement permet une harmonieuse circulation des énergies.

Chaque chakra fonctionne d'une façon particulière et reçoit de l'environnement un courant d'énergie qu'il transmet au corps physique.

À l'inverse, un déséquilibre au niveau des chakras pourra perturber tout le système glandulaire endocrinien dont il dépend ; et si un chakra est fermé ou tourne à l'envers, les fonctionnements vitaux, énergétiques et psychiques peuvent être affectés jusqu'à l'apparition d'une maladie.

Le corps éthérique a la forme du corps physique et son rayonnement s'étend jusqu'à environ 17 cm du corps physique. Les centres d'énergie provoquent une émission spiralée qui traverse l'aura éthérique et pénètre un peu dans l'aura astrale.

Ces centres sont très nombreux mais il y en a sept principaux. Ils peuvent être stimulés ou réalignés si l'on agit par la visualisation sur l'émission d'énergie elle-même ou sur les treize points d'acupuncture situés sur les deux méridiens centraux du corps : le Du Mai et le Ren Mai (figure 25).

Nous allons donc étudier les sept principaux centres situés sur l'axe du tronc et leur correspondance en acupuncture, et déterminer avec quels cristaux les réactiver.

Chaque centre est en relation avec deux points d'acupuncture, un sur le devant du corps, sur le méridien fonctionnel Ren Mai (VC), et l'autre sur l'arrière du corps, sur le méridien gouverneur Du Mai (VG).

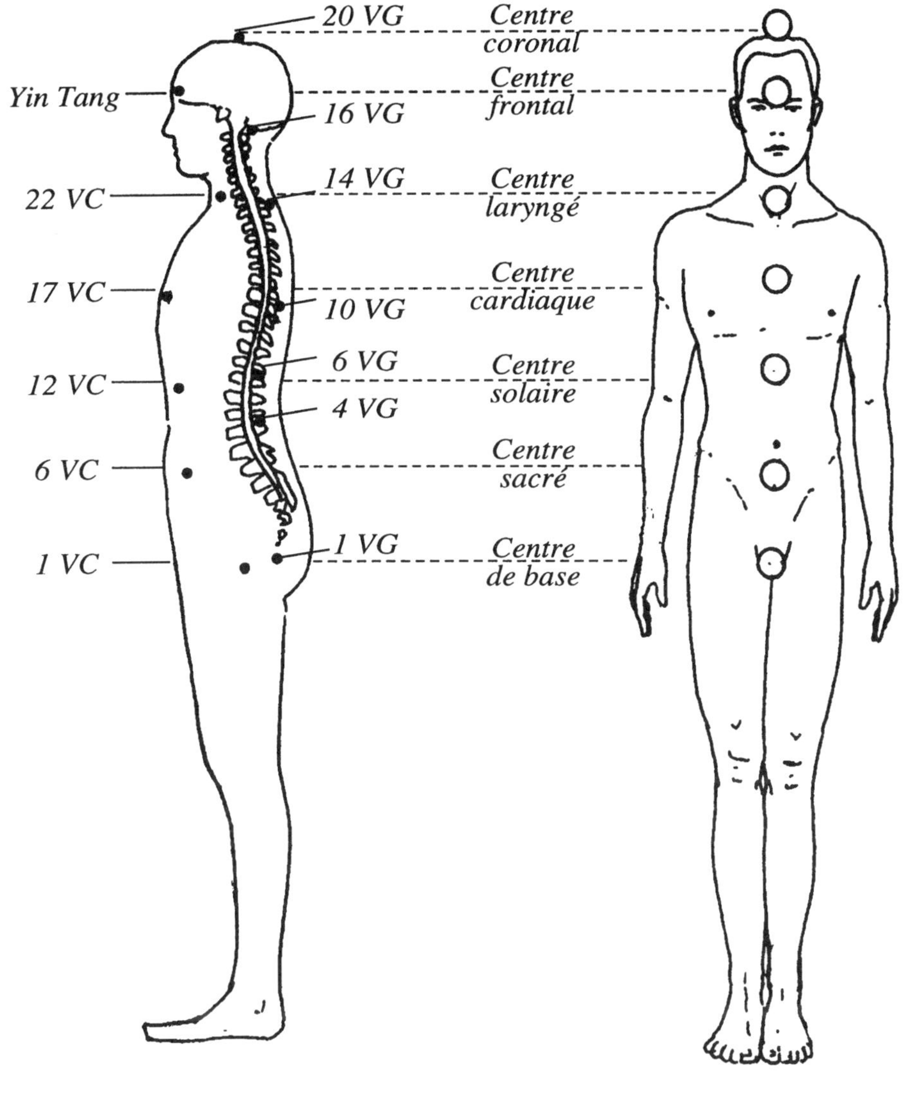

Figure 25 : correspondance entre les treize points d'acupuncture de la circulation microcosmique en Qi Gong et les sept centres éthériques ou chakras

1. Centre de base ou coccygien

Figure 26 : Muladhara Chakra

- En sanskrit : MULADHARA CHAKRA (figure 26).

- En chinois : HUIN YIN (1 VC), “porte de la vie et de la mort”, située au périnée et CHANG-CHIANG (1 VG), “grande force”, située entre l'anus et la pointe du coccyx.

• Caractéristiques de ce centre :
- couleur : le rouge
- élément : la terre
- métal alchimique : le plomb
- planètes qui le gouvernent : Saturne et Pluton.
- minéraux correspondants à ce centre : le grenat, le jaspe, le réalgar (mercure), le corail et le cristal.

Ce centre de base est le point de départ des trois canaux d'énergie qui relient les différents centres (les deux premiers canaux reliant les centres du premier au sixième) :
- le canal gauche, féminin, lunaire
- le canal droit, masculin, solaire
- le canal central qui relie tous les centres, du premier au septième.

Ces canaux sont symbolisés dans la reproduction du caducée, un attribut d'Hermès, dieu grec de la magie. Les deux serpents sont le canal gauche et le droit (appelés en sanskrit IDA et PINGALA) qui remontent et s'entrecroisent autour du canal central (appelé SUSHUMNA dans l'hindouisme).

Ce centre accumule l'énergie vitale pour que le corps physique puisse en disposer et il est relié aux glandes surrénales. C'est au niveau de ce centre que se trouve la formidable puissance de la *kundalini* qui sommeille comme un serpent enroulé trois fois et demie autour de l'axe central (*lingam*). Mais il faut réaliser une purification profonde à tous les niveaux et une reprise de contrôle de son inconscient, avant que ne soient tentés le réveil et la montée du feu sacré.

2. Centre sacré

- En sanskrit : SVADHISTHANA CHAKRA (figure 27).

- En chinois : QIHAI (6 VC), "mer de l'énergie", située à 4 cm en dessous du nombril devant le corps et MING MEN (4 VG), "porte de lumière", située entre les deuxième et troisième vertèbres lombaires.

Figure 27 : Svadhisthana Chakra

• Caractéristiques de ce centre :

- couleur : l'orange
- élément : l'eau
- métal alchimique : l'étain
- planète qui le gouverne : Jupiter
- minéraux reliés à ce centre : la cornaline, l'opale de feu et le cristal.

Il influence les glandes sexuelles et, de ce fait, il est le centre de l'énergie créatrice. Ce centre, s'il est hors du contrôle des plans supérieurs, est dirigé par l'instinct de reproduction qui se manifeste non seulement par la sexualité mais aussi par toutes sortes de pulsions inconscientes. Une maîtrise de l'énergie à ce niveau permet de l'utiliser :

- soit pour la création artistique ou les arts martiaux
- soit pour la thérapie et le magnétisme
- soit pour la spiritualité et l'alchimie interne.

3. Centre solaire

Figure 28 : Manipura Chakra

- En sanskrit : MANIPURA CHAKRA (figure 28).

- En chinois : CHUNG-WAN (12 VC), "canal médian", situé sur le devant entre la pointe du sternum et le nombril, et CHI-CHUNG (6 VG), "maître de l'esprit", situé entre les douzième et treizième vertèbres dorsales.

• Caractéristiques de ce centre :
- couleur : le jaune
- élément : le feu
- métal alchimique : le fer
- planète qui le gouverne : Mars
- minéraux qui lui sont reliés : la citrine, la topaze, l'ambre, le soufre et le cristal.

Ce centre est celui de l'affirmation de soi. Il gère les fonctions digestives et il est relié à la zone rate-pancréas. S'il n'est pas contrôlé, ce centre va développer des défauts tels que l'orgueil, l'égoïsme, la jalousie, ou encore le sectarisme, la peur, la haine, la colère. Ce centre solaire, qui est aussi le siège de la volonté, doit être régulé par le centre cardiaque.

Si ce centre est bien équilibré vis-à-vis des autres et qu'il est également bien contrôlé par les plans supérieurs de l'être, l'affirmation de soi et la vitalité seront utilisées pour faire le bien. Le passage au centre supérieur est assez délicat. Le centre solaire étant le troisième et dernier centre inférieur (c'est-à-dire situé en dessous du diaphragme), ce passage implique une nouvelle conscience, celle de groupe. L'humanité est actuellement, dans son niveau d'évolution, au passage entre les troisième et quatrième chakras, et nous avons du mal, semble-t-il, à intégrer ce message transmis il y a 2000 ans : "Aimez-vous les uns les autres."

4. Centre cardiaque

Figure 29 : Anahata Chakra

- En sanskrit : ANAHATA CHAKRA (figure 29).

- En chinois : SHAN-CHUNG (17 VC), "milieu de la poitrine", entre les mamelons, et LING TAI (10 VG), "route de l'esprit", située entre les sixième et septième vertèbres dorsales.

• Caractéristiques de ce centre :
- couleur : le vert émeraude
- élément : l'air
- métal alchimique : le cuivre (appelé aussi premier or)
- planète qui le gouverne : Vénus
- minéraux : le jade, la malachite, l'émeraude, l'amazonite, l'aventurine pour l'activation ; mais pour tempérer ou adoucir l'énergie, on peut utiliser le quartz rose, le rubis rose ou la tourmaline rose.

Ce centre est celui de l'amour, de la sagesse et de la conscience collective. Il est relié au thymus et, à ce niveau, l'âme prend le contrôle de la nature émotionnelle. C'est là que se rejoignent les énergies de la terre et celles du ciel, elles s'épousent ; les deux triangles d'eau et de feu s'opposent et s'équilibrent dans le sceau de Salomon. L'onde de forme restituée par ce symbole est la même que celle générée par la structure hexagonale du cristal de roche. Ce centre de fusion crée une relation plus intime avec l'âme et, par conséquent, une plus grande ouverture vers ce qui favorisera l'évolution future.

5. Centre laryngé

Figure 30 : Vishudda Chakra

- En sanskrit : VISHUDDA CHAKRA (figure 30).

- En chinois : HSUAN-CHI (22 VC), dans le creux situé entre les clavicules, et TA-CHUI (14 VG), "grande vertèbre", située sous la septième vertèbre cervicale, la plus proéminente.

• Caractéristiques de ce centre :
- couleur : le cyan (sorte de bleu turquoise)
- élément : l'éther
- métal alchimique : le mercure
- planète qui le gouverne : Mercure
- minéraux : la turquoise, la calcédoine, l'aigue marine, la topaze bleue et le cristal.

Ce centre est relié à la thyroïde et il est l'intermédiaire entre le cœur et la tête.

À cet endroit, le corps s'affine pour le passage étroit du cou ; de même les énergies devront être affinées et filtrées par la compassion du cœur et la sagesse du troisième œil afin que la communication soit équilibrée. En effet, c'est le centre de la parole et de la communication.

Ce centre véhicule la personnalité et se relie aux centres frontal et coronal en relation avec la personnalité, l'âme et l'esprit.

Le centre laryngé est aussi celui de la clairaudience. Cela signifie que chez un être éveillé peut se développer la capacité d'être conscient des sons de l'éther et de l'astral, celle d'entendre la symphonie des sphères.

6. Centre frontal

- En sanskrit : AJNA CHAKRA (figure 31).

- En chinois : YIN-TANG (23 VG), "chaudron de jade", situé entre les sourcils, et YUI-GEN (16 VG), "palais du vent", situé à la base de l'occiput.

Figure 31 : Ajna Chakra

• Caractéristiques de ce centre :
  - couleur : le bleu indigo
  - élément : la lumière spirituelle
  - métal alchimique : l'argent
  - planètes qui le gouvernent : la lune, le soleil et Uranus
  - minéraux qui lui sont reliés : le saphir, le lapis-lazuli, la soladite, la fluorite et le cristal.

Le centre frontal est en relation avec la glande pituitaire. On l'appelle aussi le troisième œil ou l'œil intérieur. C'est le centre de la clairvoyance. Si ce centre se développe sans relation avec la spiritualité, la personne pourra être volontaire, autoritaire et matérialiste. Avec un centre potentiellement faible, le caractère deviendra influençable et hésitant.

Ce centre est le siège de la connaissance concrète. Mais si l'être humain veut échapper à la dictature de son mental rationnel, il doit réaliser, à ce niveau, l'harmonie entre le mental concret et le mental intuitif, entre le cerveau droit et le cerveau gauche ; il doit équilibrer cette dualité existant entre la lune et le soleil, entre le côté féminin et le côté masculin de sa nature. Alors il peut avoir accès à une connaissance totale, s'il exprime le véritable amour du cœur en sublimant le désir.

7. Centre coronal

- En sanskrit : SAHASRARA CHAKRA (figure 32).

- En chinois : BAI HUI (20 VG), situé au sommet du crâne, au point de réunion de tous les méridiens.

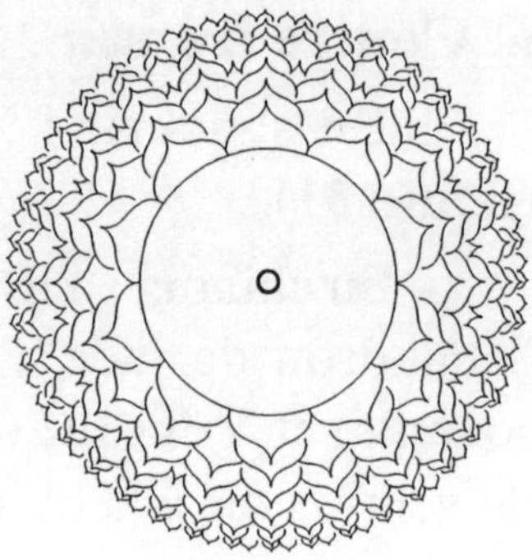

Figure 32 : Sahasrara Chakra

• Caractéristiques de ce centre :
  - couleurs : le violet, le blanc et toutes les couleurs
  - élément : le Verbe
  - métal alchimique : l'or
  - gouverné par le point-source de tous les univers
  - minéraux qui lui sont reliés : l'améthyste, le cristal de roche et le diamant.

Il est aussi appelé centre aux mille pétales et il régule la glande pinéale. À ce niveau, la connaissance, le connaisseur et le connu deviennent unifiés et libérés. Il n'y a plus d'activité du mental, c'est un état de conscience totale.

Les différents *ego* sont dissous dans l'unification des énergies vers une fusion avec l'Esprit et une réunification de toutes les facettes de la nature humaine. C'est le centre du "je suis", comme reflet du Divin.

Le maître touche son disciple à cet endroit pour "l'éveiller" et la tonsure pendant l'ordination d'un prêtre est un symbole de l'ouverture de la fontanelle (jonction des os du crâne qui sont ouverts chez le nouveau-né, se ferment ensuite chez l'adulte et se rouvrent chez l'être évolué).

Ce centre est le siège de la sensibilité et de l'inspiration. Il crée le lien entre notre dimension et les dimensions supérieures. C'est la porte ouverte vers l'au-delà.

Voici donc les sept centres principaux qui sont reliés entre eux par trois canaux. Ces trois canaux majeurs sont une extension du faisceau unitaire. Le corps éthérique est intelligemment organisé et entièrement constitué de milliers de lignes de force entrecroisées à la manière d'un filet. On appelle ces lignes de force *nadis* ou canaux, ou encore méridiens. L'énergie y circule constamment.

Il existe d'autres centres secondaires aux épaules, sur les paumes de mains, aux genoux et sur la plante des pieds. Nous aborderons également dans les chapitres suivants l'existence et l'utilisation d'autres centres d'énergie situés au-dessus et en dessous du corps physique.

III. LE CORPS ASTRAL

Le corps astral, ou corps d'émotions, est un miroir dans lequel se reflètent toutes les émotions, les désirs ou les sentiments, que ceux-ci viennent de l'extérieur ou qu'ils aient été générés par le corps mental.

Ce corps a la forme du corps physique mais il rayonne une aura plus large qui s'étend au-delà de l'aura éthérique, jusqu'à environ 80 cm du corps physique ; elle peut s'amplifier ou se rétracter suivant ce que ressent la personne. Nous aborderons plus tard les techniques de diagnostic par l'aura.

Le corps astral se dissocie très facilement du corps physique. C'est ce qui se passe chaque nuit pour toute l'humanité, mais la majorité des gens ne sont pas conscients du phénomène : parfois ils se souviennent uniquement de rêves particuliers. Mais certains de ces rêves sont en fait des voyages. Avec un peu d'entraînement, on peut devenir conscient pendant ces voyages et même les réaliser en dehors du sommeil, à l'aide de cristaux. Il est évident que, lors d'une sortie astrale, ce n'est pas seulement le corps astral qui s'extériorise mais l'ensemble des corps de l'âme : âme émotionnelle, âme mentale, âme spirituelle.

La purification du corps astral est très importante pour qui veut avancer sur le chemin de l'évolution spirituelle et dans l'utilisation des cristaux. Par les sens, nous sommes en contact avec beaucoup d'impressions et d'émotions. Tous les messages véhiculés par le cinéma, la télévision et la publicité s'impriment dans notre corps astral comme d'ailleurs la vision d'une cascade ou d'un coucher de soleil.

Mais certains des messages que notre corps astral reçoit sont de véritables pollutions psychiques, comme la violence, le sexe ou l'horreur dont nous sommes abondamment nourris. Tant que le corps astral est soumis à cette agression sensorielle, il ne peut s'apaiser et le travail intérieur est compromis.

Nous verrons ultérieurement comment transformer les émotions que le corps astral a enregistrées au moyen du cristal. Mais encore faut-il filtrer la source si l'on veut améliorer son niveau de purification.

IV. LE CORPS MENTAL

Le rayonnement du corps mental ne devient cohérent que pour les êtres déjà évolués spirituellement. Il peut alors s'étendre sur plusieurs mètres.

Le corps mental est le siège de l'intellect et de nos pensées. Son rôle principal est de servir d'intermédiaire entre les étages qui lui sont inférieurs (plans physique, éthérique et astral) et les étages qui lui sont supérieurs (plans causal, mental supérieur et divin). C'est une sorte d'interface qui retranscrit, dans le plan de la manifestation, les directives qu'il reçoit. Son rôle est donc d'appréhender le réel et de le gérer au mieux pour la survie du corps physique et pour le bien-être des autres corps, mais surtout de retrouver la raison pour laquelle un être s'est incarné. En effet, le mental se pose "la grande question" : pourquoi sommes-nous ici ? À quoi cela sert-il ? Quelle est la raison d'être de cet organisme humain ?

Un élément de réponse nous est donné par ceux que nous considérons comme nos plus grands hommes : le Dr Schweitzer, Mahatma Gandhi, l'Abbé Pierre, Sœur Thérésa, etc. Ce sont des êtres exceptionnels qui sont appelés quelquefois *Mahatma* par les hindous, ce qui signifie "grande âme" : il s'agit d'âmes très évoluées qui s'étaient libérées de l'attachement de la réincarnation, mais qui ont décidé de revenir pour aider l'humanité.

Si ceux que nous admirons le plus et qui incarnent une sorte d'attitude idéale pour l'homme ont consacré leur vie à aider autrui, cela nous donne une idée de la direction dans laquelle chacun d'entre nous devrait organiser sa vie pour devenir un tant soit peu conforme à l'état d'esprit du monde spirituel où l'amour et l'entraide sont les bases de l'échange et de la communication.

Nous constatons que le corps mental de l'humanité, comme celui de la majorité des humains, est déconnecté, il n'est pas ou peu éclairé par l'énergie spirituelle. C'est vraiment une question de choix que de vivre dans cet état déconnecté ou, au contraire, d'être à l'écoute de notre être de lumière.

Un conte persan cher à Gurdjieff me revient en mémoire :

"L'être humain est un attelage
dont le corps physique est le carrosse
le corps éthérique, le harnachement
le corps émotionnel sont les chevaux
le corps mental est le cocher
si le carrosse est propre et en bon état
ainsi que le harnachement
si les chevaux sont domptés et obéissants
si le cocher est avisé et serviable
alors seulement le Maître daigne monter à bord."

Les attelages des humains de notre civilisation correspondent peu à ces critères et donc les cochers sont perdus ou sont devenus fous. Ils sont sans directives et ne savent pas où aller. Leur maître-esprit n'est pas à bord.

LE CORPS MENTAL DOIT PRÉPARER LA VENUE DU MAÎTRE INTÉRIEUR. Le corps mental peut être un fabuleux outil d'évolution car il va développer ce qu'on appelle la conscience, et quand on parle d'éveil, c'est surtout de lui qu'il s'agit. C'est avec le mental que nous allons pratiquer toutes les visualisations et générer les formes-pensées avec les cristaux en thérapie ou en méditation.

C'est lui aussi qui va gérer et synchroniser les énergies basales et instinctives ainsi que tous les plans de puissance reliés au monde, à l'argent, au mal et à la destruction. Lui seul peut réaliser cette gestion car il est à même d'évaluer ce que les plans supérieurs peuvent assumer dans la vie extérieure, et le contact avec la force de condensation.

S'il reçoit l'information du programme global d'évolution et qu'il s'arrange pour créer les conditions idéales requises, il devient alors une interface performante et connectée.

Il existe plusieurs niveaux dans le cerveau et donc plusieurs activités mentales. Le principal travail du plan mental sera de rééquilibrer les différents cerveaux et les deux hémisphères, de manière à neutraliser l'hégémonie du mental concret rationnel dans notre existence. À ce moment-là, le mental intuitif prend une plus grande importance. Ensuite, il faut solutionner les conflits qui existent entre le cerveau supérieur (le conscient) et le cerveau inférieur reptilien (le siège de l'inconscient), et entre l'hémisphère droit intuitif et l'hémisphère gauche rationnel.

Nous aborderons ce travail avec les cristaux dans un exercice ultérieur sur l'équilibre des deux hémisphères.

V. LE CORPS CAUSAL

Le rayonnement du corps causal n'est visible que si l'humain a réalisé le niveau de maîtrise de la causalité de son existence, c'est-à-dire le contrôle des enchaînements de cause à effet, ce que les hindous appellent le *karma.*

Le corps causal est le corps de l'âme. Pendant une sortie hors du corps, c'est le corps causal qui se dédouble. De même, à la mort physique, il s'échappe de l'enveloppe charnelle en intégrant les corps mental et astral. On voit ici l'intérêt de purifier et de maîtriser les corps mental et astral pendant la vie sur terre pour solutionner, tant que c'est possible, les blocages ou les traumatismes qu'ils ont accumulés.

VI. LE CORPS ATMIQUE OU CHRISTIQUE

Il est aussi appelé mental supérieur. La vibration de conscience venant de la monade est synthétisée à ce niveau pour inspirer le mental concret qui, lui, va négocier avec l'environnement et le plan de la puissance. Au dernier stade de l'évolution d'un humain, toutes les énergies de l'être sont réintégrées dans le corps atmique. C'est l'aboutissement de l'alchimie spirituelle.

VII. LE CORPS DIVIN OU MONADE

L'expression de la Dimension Unitaire Interne dans le plan de la manifestation est conçue par l'humain comme le souffle de l'esprit divin dont “une étincelle individualisée dans l'homme est appelée monade”.*

Le corps divin est relié au septième centre (coronal). À ce niveau, toutes les énergies synthétisées au niveau du corps atmique se fusionnent dans l'Unité, qui s'exprime par le “je suis”, fidèle reflet de la volonté divine.

VIII. LES ENVELOPPES CONSCIENTES

L'homme est constitué de matière-énergie. La puissance d'un travail sur l'énergie tend vers l'infini par rapport au travail sur la matière. Quelques expériences simples laissent penser qu'il existe en l'homme autre chose que la matière palpable.

Première expérience : une personne en porte une autre. La personne portée semble lourde quand elle se concentre dans son ventre, et légère quand elle se concentre dans sa tête. L'impression de poids a changé, pourtant la masse est la même.

---

* *“Çakras et l'Initiation” de Michel Coquet.*

Deuxième expérience : faites tendre le bras à une personne et appuyez dessus pour tester sa résistance. Puis, placez sur le dos de sa main un cristal de roche et testez à nouveau la force musculaire ; celle-ci a considérablement augmenté. À l'inverse, placez un bracelet-montre à quartz sur le poignet de la personne et testez à nouveau : la force musculaire a considérablement diminué.

Utilisons le même test en mettant un produit toxique, par exemple du tabac, sur le dos de la main. Cela permet de mettre en évidence une baisse d'énergie considérable.

On ne reparlera pas des perturbations que provoque le tabac, elles sont connues. Moins connues sont celles dues aux montres à quartz : leur port s'accompagne souvent de fatigue, de troubles du sommeil, de douleurs articulaires et de sciatique, souvent décelés sur des patients par leur médecin, et qui disparaissent aisément quand on cesse de porter ces montres. Sur quoi agissent ces montres et les produits toxiques, alors que rien d'évident n'apparaît ? Et sur quoi agit le cristal ?

Cette énergie, très connue en Orient, que les Chinois appellent le *Qi*, rayonne autour de la personne et, comme nous allons le voir, rayonne autour du cristal. Ce rayonnement est aussi appelé aura.

1. Mise en évidence des enveloppes énergétiques

Nous avons plusieurs façons de mettre en évidence le rayonnement de cette énergie qui constitue une enveloppe autour de la personne. Il est possible de capter cette enveloppe à l'aide d'une antenne de Lecher, d'un pendule ou par une sensation qui peut apparaître dans le creux de la main, pour les personnes plus sensibles.

Les êtres humains, comme nous l'avons vu dans le chapitre *Structure de l'être humain*, ont quatre enveloppes auriques principales autour du corps physique (figure 33).

À chaque enveloppe correspond un écho de moins en moins sensible. Ces enveloppes suivent la forme des corps et s'approchent de la forme d'un œuf. Ce phénomène existe pour le cristal comme pour les animaux et les plantes.

Essayons maintenant de voir comment se comportent les enveloppes auriques. Pour simplifier, ne considérons qu'une enveloppe. Prenons du tabac (ou un produit toxique) et approchons-le de l'enveloppe aurique. L'enveloppe va se rétracter (figure 34).

Approchons maintenant un cristal. L'enveloppe aurique va s'élargir à l'endroit où le cristal est présenté (figure 35).

Faisons maintenant l'expérience avec deux personnes. Approchons les l'une de l'autre et mesurons leurs enveloppes avant et après ce rapprochement. Les enveloppes se modifient en fonction de l'influence que les personnes ont l'une sur l'autre. Des personnes qui ne s'entendent pas vont rétracter leurs enveloppes (figure 36).

À l'inverse, deux personnes qui s'entendent bien élargissent mutuellement leurs enveloppes (figure 37). Ces enveloppes auriques sont donc :

- sensibles : elles sont capables de manifester ce qu'elles perçoivent par des modifications que l'on peut détecter par le pendule, l'antenne de Lecher, ou la main.

- conscientes : elles sont capables de percevoir la réalité indépendamment de notre conscience rationnelle et verbale ;

- intelligentes : elles sont capables d'évaluer ce qui est bon ou mauvais pour la personne.

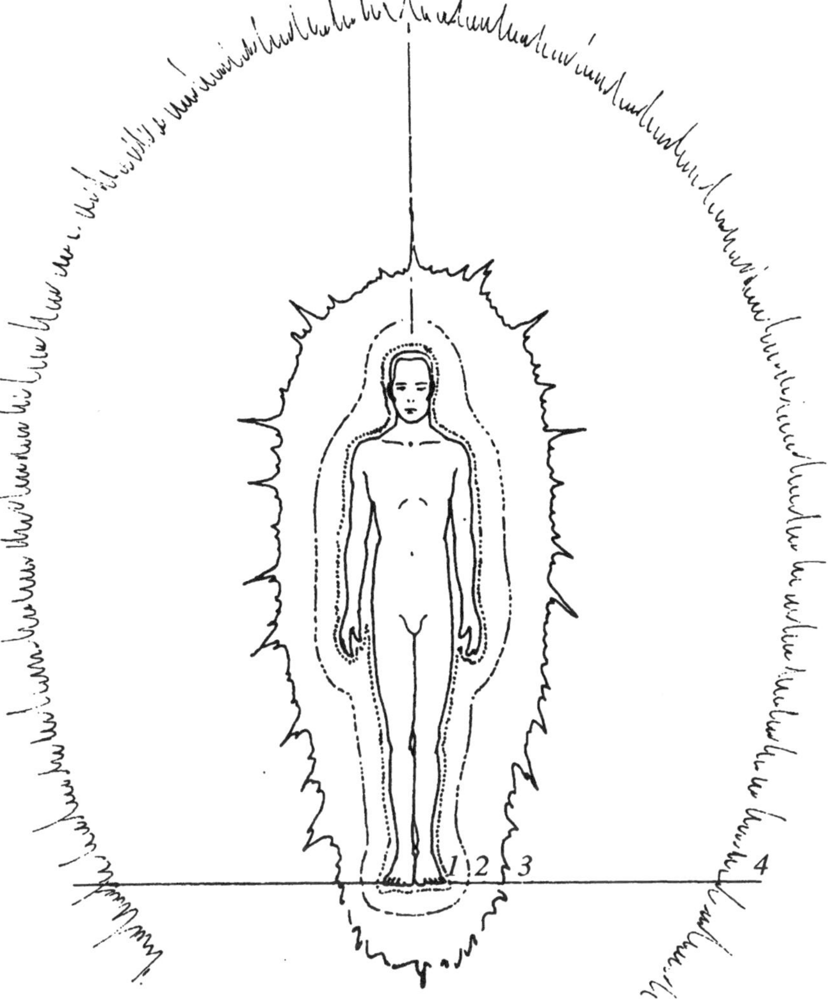

Figure 33 : les enveloppes auriques des 4 premiers corps

1- rayonnement électromagnétique du corps physique (jusqu'à 1 - 2 cm)

2- rayonnement éthérique (jusqu'à 10 - 30 cm)

3- rayonnement astral (jusqu'à 30 - 150 cm)

4- rayonnement mental (jusqu'à 2 - 4 m)

Tabac
produit toxique
ou médicaments
non adaptés

Figure 34 :
l'enveloppe se rétracte

Cristal
élément bénéfique
ou médicaments
adaptés

Figure 35 :
l'enveloppe s'élargit

Figure 36 : antipathie

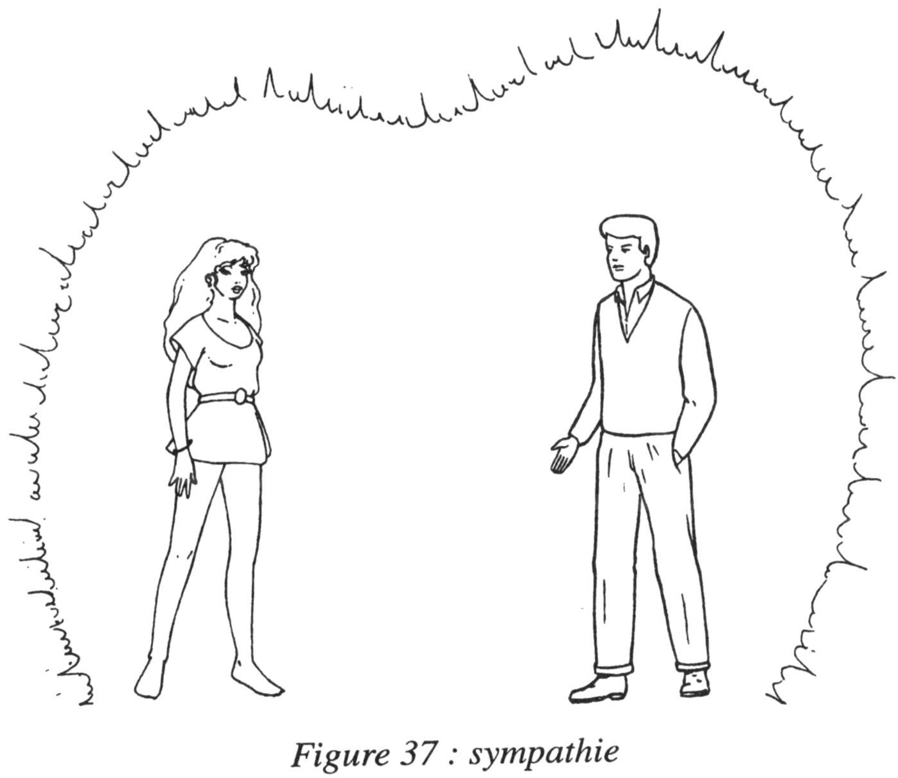

Figure 37 : sympathie

Ces conclusions sur l'aura ont été mises en évidence par les travaux du Docteur Dominique Bourdin.*

2. Application avec le cristal

Nous avons vu que la proximité du cristal modifiait en les élargissant les enveloppes des personnes exposées et que leur force musculaire augmentait. En d'autres termes, les cristaux modifient le *Qi*, énergie vitale d'une personne. Nous pouvons le constater, mais comment cela se fait-il ?

• Modification de l'aura d'un cristal

Prenons un cristal qui a séjourné longtemps dans une boutique, ou qui a servi plusieurs fois en thérapie, et mesurons ses enveloppes. Comme sur un corps humain, nous pouvons déterminer des enveloppes concentriques autour d'un cristal. Ensuite, appliquons à ce cristal une purification en le faisant séjourner une nuit dans de l'eau salée, et le lendemain, mesurons de nouveau ses enveloppes. Nous pouvons constater qu'elles se sont modifiées.

En conclusion, la charge d'énergie que le cristal a enregistrée par des manipulations diverses, soit dans la boutique, soit dans le cabinet du thérapeute, a une action sur les enveloppes auriques qui entourent le cristal : celles-ci se sont rétractées. De même, le processus de purification agit sur elles, car elles se sont élargies.

Nous avons déjà mis en évidence la modification de la taille de l'aura d'une personne en présence d'un cristal. Cet élargissement de l'enveloppe aurique de la personne traitée est la base de la guérison et du mieux-être, car elle est synonyme d'activation de l'énergie vitale.

---

* *"L'être humain, une Symphonie inachevée" du Dr Dominique Bourdin.*

Troisième chapitre

THÉRAPIE ÉNERGÉTIQUE

I. THÉRAPIE DU CORPS ÉTHÉRIQUE

En Chine, quatre fois par an, chaque famille va voir le médecin et celui-ci ausculte toutes les personnes, par les différents pouls ; il rééquilibre leur métabolisme et prévient les maladies à venir, par l'acupuncture, par les plantes et par les pierres, ou bien en changeant leur régime alimentaire. Ces familles payent le médecin pour ce travail. Par contre, quand quelqu'un tombe malade, le médecin doit venir à domicile pour le soigner gratuitement.

Donc aucun médecin n'a intérêt à voir des malades, car ceux-ci ne le payent pas ! Il préfère avoir la visite de gens bien portants. Un médecin qui a beaucoup de malades est montré du doigt, et personne ne vient plus le consulter. En Europe, c'est l'inverse. C'est donc toute une mentalité dont nous devons prendre conscience.

Aucune des techniques de thérapie par les cristaux exposées dans cet ouvrage n'est en mesure de se substituer à un traitement médical classique et prescrit par un médecin. Il convient donc que chaque personne qui est sous traitement continue à suivre les conseils de son médecin aussi longtemps que nécessaire. Cette thérapie par les cristaux est une expérience alternative de médecine naturelle. Nous offrons aux praticiens une vue différente du corps humain, comme un système de transformation d'énergie qui se met en interaction avec le système cristal ; et ces deux systèmes s'équilibrent l'un l'autre. Nous aurons, dans un futur proche, de plus en plus de possibilités de diagnostics des pathologies avant qu'elles ne se déclarent, par des techniques de plus en plus fines. Il est indispensable d'adapter le traitement préventif vers une rééquilibration des différents courants et des différents corps.

1. Diagnostic de l'aura

La plupart des affections du corps humain sont des conséquences d'un déséquilibre dans les autres corps. Il y a une chose que vous pouvez tester à coup sûr. Si l'un de vos amis ou parents est assailli par une maladie bénigne et qu'il vous en fait part dès le premier jour, essayez de tester l'état de son septième chakra, avec son accord, bien sûr. Vous aurez la surprise de constater que, dans 95 % des cas, les corps subtils sont déplacés (figure 38) et le septième chakra est fermé, c'est-à-dire que sa spirale d'énergie ne rayonne plus vers le haut de son œuf aurique, et ce quelle que soit la maladie. Après le premier jour, c'est moins flagrant car le corps humain se rétablit peu à peu. Pour tester le déplacement des corps subtils, vous pouvez utiliser l'antenne de Lecher suivant un processus assez simple, ou bien utiliser la voyance, ce qui demande un peu d'entraînement.

Ce que vous devez faire d'abord, c'est vous assurer de “votre capacité” de perception. Pour cela il est nécessaire que votre énergie soit précise et centrée ; utilisez donc votre pendule pour vous tester. Si la réponse est positive, vous êtes à même de pouvoir intervenir ; si elle est négative, ou bien vous savez pourquoi – et des manifestations

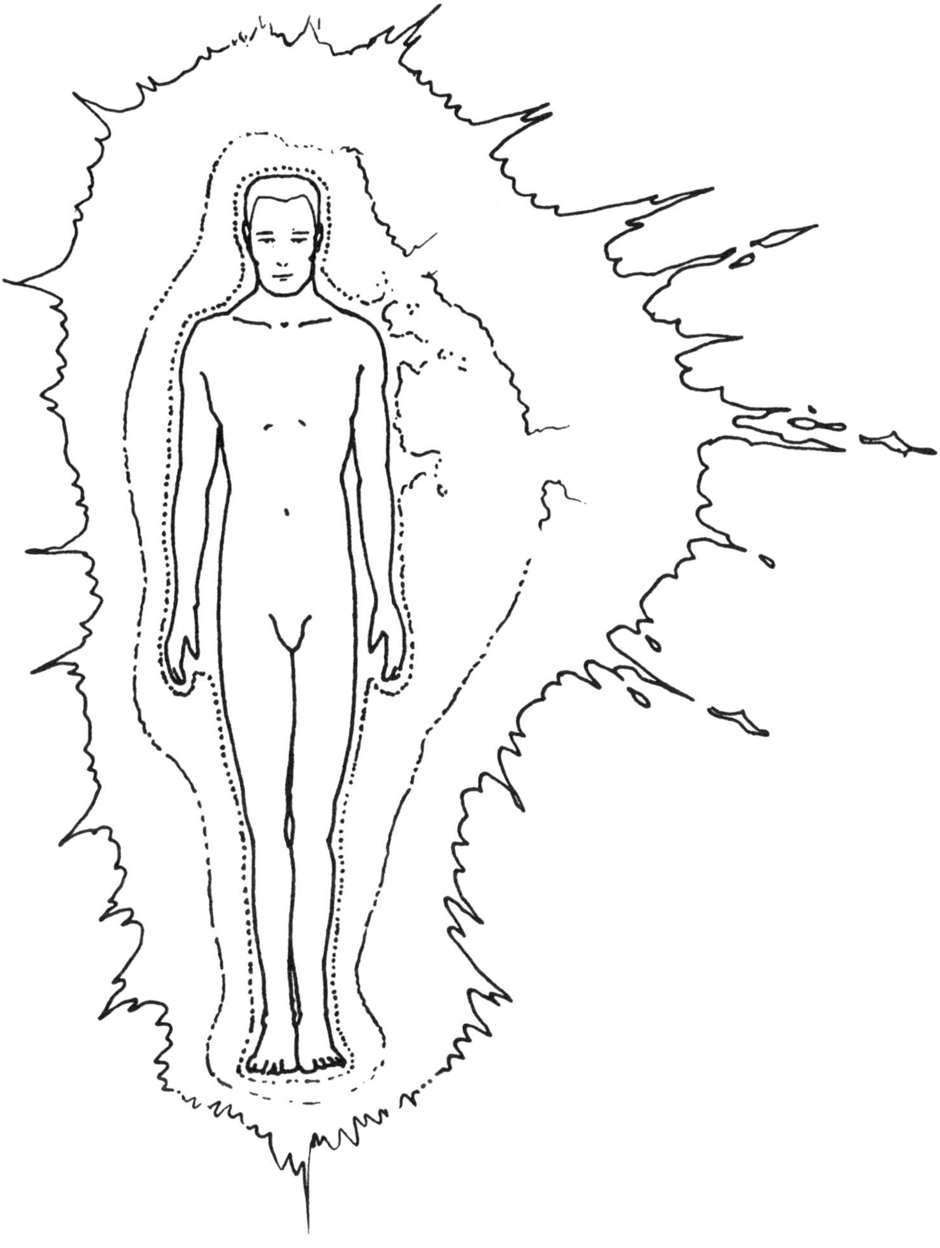

Figure 38 : exemple de rayonnement aurique décentré avec fuites d'énergie par des trous dans l'aura

Les corps subtils ne sont plus dans l'axe du corps physique. Le septième centre ne fonctionne pas bien.

extérieures de votre déséquilibre sont évidentes (fatigue, maladie, névralgie, etc.) – ou bien elles ne sont pas évidentes et vous êtes juste un peu altéré. Dans les deux cas, vous avez besoin d'un soin personnel (voir paragraphe *Soin personnel du thérapeute*). Si votre soin n'est pas suffisant, peut-être faut-il vous abstenir d'intervenir, car avec ces techniques de thérapie, l'opérateur est un participant, il est un canal pour les énergies, et le diagnostic comme le traitement peuvent être déformés par son propre déséquilibre. Ensuite assurez-vous que vous "pouvez" intervenir sur "cette" personne en le demandant à l'aide du pendule (il est possible que la réponse soit négative, dans ce cas ne faites rien).

2. Test d'alignement des corps par l'antenne de Lecher

Réglez l'antenne de Lecher sur 2,5 et placez-vous face à la personne que vous voulez tester (figure 39). Opérez un balayage latéral pour chercher l'axe des corps subtils dans l'axe du corps physique. Si vous constatez que ces deux axes sont en correspondance, il n'y a pas de déplacement ; par contre, si vous n'obtenez aucune réaction de l'antenne dans l'axe du corps, il faut alors chercher l'axe des corps subtils à droite ou à gauche, ou derrière le corps physique. Vous pouvez faire ce test au pendule et avoir les mêmes résultats, mais la réponse est moins évidente.

3. Test de déplacement des corps par la voyance

Pour vous entraîner, essayez de réunir de bonnes conditions de travail : choisissez une pièce éclairée ayant un mur sombre, et placez la personne que vous voulez tester à environ 60 cm devant ce mur. Prenez dans votre main le cristal que vous avez programmé pour augmenter

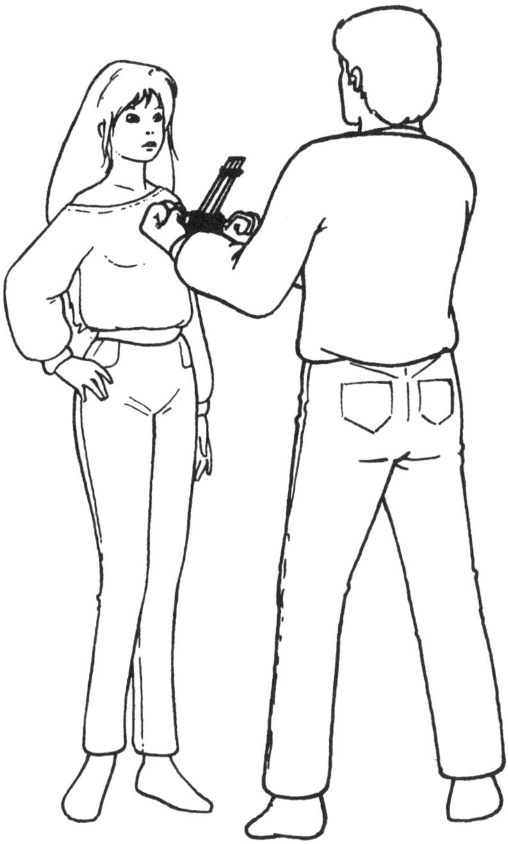

Figure 39 : test d'alignement des corps subtils avec l'antenne de Lecher

votre vision intérieurc. Puis vous fixez, les paupières très légèrement entrouvertes, le halo qui se dégage autour de la personne. Avec un peu d'entraînement, vous commencerez à voir le rayonnement doré proche du corps. Il vous faudra un peu plus de temps pour percevoir le rayonnement astral ainsi que ses couleurs. Après quelques séances, vous serez à même de distinguer un déplacement des corps subtils car le rayonnement se déforme alors énormément à droite ou à gauche.

Il est toujours souhaitable, si on le peut, d'intervenir sur le champ énergétique pour le rééquilibrer avant que la maladie n'apparaisse dans un plan physique, ou de le faire pendant la guérison physique pour restaurer le corps éthérique.

4. Soin personnel du thérapeute

Intériorisez-vous en silence dans un coin tranquille pendant quelques minutes pour vous permettre de réaligner vos différents centres et corps. Allumez une bougie et placez la main droite au-dessus de la flamme, la paume vers le bas, à environ 20 cm.

D'abord, recentralisez-vous sur Dieu, sur votre Père spirituel ou votre guide en lui demandant de vous envoyer son aide pour que vous puissiez aider les autres. Demandez-lui aussi de réénergétifier votre véhicule afin que celui-ci devienne un fidèle canal de transmission. Ensuite branchez-vous en direction de la terre et demandez-lui d'alimenter votre corps de forme d'une pulsion généreuse qui vous permettra d'œuvrer sur ce plan. Enfin, après quelques minutes, testez-vous de nouveau. Si la réponse est toujours négative, n'insistez pas et remettez ce travail au lendemain.

5. Réalignement des corps subtils

Pour réaligner les corps subtils d'une personne, placez-vous à sa gauche avec votre main gauche en appel, la main droite tenant un cristal biterminé verticalement. Le cristal biterminé ayant une polarisation cosmo-tellurique, prenez soin de le placer dans le bon sens : polarité tellurique vers les pieds, polarité cosmique vers la tête. La main droite qui tient le cristal biterminé se placera à l'arrière de la personne, à quelques centimètres de son corps. La porte d'accès du corps est différente suivant la couleur du thérapeute :

- au niveau des lombaires si le thérapeute est rouge
- au niveau des dorsales si le thérapeute est vert
- au niveau des cervicales si le thérapeute est bleu

Veillez à ce que personne ne se trouve à moins de 3 m de votre gauche, pour éviter d'être perturbé par son aura. La main gauche est la main d'appel. Quelquefois, il suffit de créer cette situation pour que les corps subtils se réalignent automatiquement, ensuite il faut les stabiliser. Demandez à la personne de mettre sa main droite au-dessus d'une bougie, ceci afin que la charge qui a provoqué le déplacement des corps ne revienne pas sur vous (figure 40).

Figure 40 : réalignement des corps subtils

Votre main gauche en appel vers le haut reçoit l'énergie du plan du Père spirituel. Reliez-vous à cette dimension pendant quelques secondes ou plus. Visualisez ce plan en évoquant ses différents attributs ou manifestations. Mettez ensuite la main tendue vers le bas en appel vers la terre, branchez-vous sur la Mère cosmique, sur la matrice universelle, et évoquez-en les différents attributs ou manifestations.

Puis adressez-vous à voix basse directement au Père spirituel de la personne en ces termes : “Que les corps subtils de X... soient réalignés et stabilisés. Merci.”

À cet instant, vous sentez un courant qui traverse votre colonne vertébrale et vous savez qu'il s'est passé quelque chose. Ensuite testez à nouveau la personne et vous constaterez que les corps subtils sont revenus dans l'axe.

Nettoyez votre cristal après chaque intervention.

6. Test de fonctionnement des centres

Une fois que les corps subtils sont réalignés, il se peut, et c'est souvent le cas, que les centres éthériques eux-mêmes soient perturbés, fermés, ou bien parfois tournent dans le mauvais sens.

Là encore, testez-vous d'abord pour savoir si vous êtes en forme et demandez si vous pouvez intervenir ; alors seulement, demandez à la personne si elle souhaite que vous interveniez sur elle.

Si l'un des six centres est en mauvais fonctionnement, le septième, le centre coronal, est fermé, c'est la conséquence directe, l'énergie ne circule plus.

Testez avec votre pendule devant le centre, ou bien avec la main gauche en appel à quelque 10 cm. Testez les centres les uns après les autres pour vérifier s'ils tournent et voir leur sens de rotation. Regardez aussi s'il y en a un qui est suractivé au détriment des autres.

7. Traitement pour réactiver les centres

Placez-vous face à la personne, et prenez entre le pouce et l'index un cristal programmé pour ce travail. Présentez la pointe face au centre que vous allez traiter, à une distance de 10 cm du corps physique, et créez une spirale qui va en s'agrandissant dans le sens des aiguilles d'une montre, jusqu'à une distance de 1 m du corps physique. Relancez le mouvement de rotation du centre entre le rayonnement éthérique et le rayonnement astral et terminez la spirale dans l'axe du chakra (figure 41).

Faites ceci trois ou quatre fois, d'un mouvement souple et coulé.

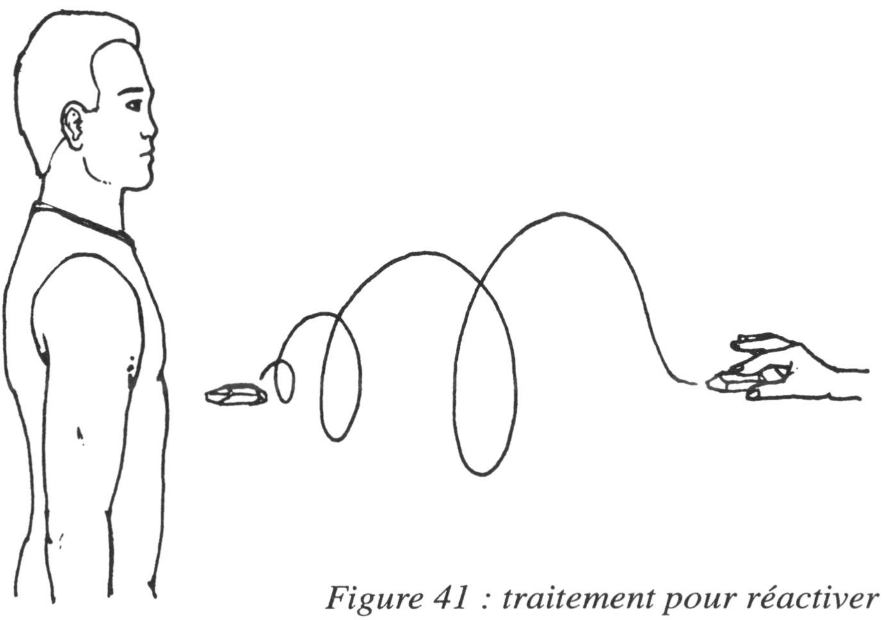

Figure 41 : traitement pour réactiver les centres à l'aide d'un cristal

Traitez tous les centres qui le nécessitent, excepté le troisième œil et le centre coronal. Les centres les plus fréquemment en dysfonctionnement sont le troisième et le cinquième, mais aussi le deuxième et le quatrième, très rarement le premier. Le septième est toujours fermé quand l'un des six autres centres ne fonctionne pas, mais il se remet à marcher dès que les six autres fonctionnent.

Le centre frontal, le sixième centre, est un cas particulier. C'est le centre de la connaissance et son ouverture doit procéder de l'intérieur, par une décision de la personne. S'il est fermé, c'est que la personne n'est pas prête à laisser circuler et fuser son énergie dans les centres supérieurs. Il faut donc respecter ce délai imposé par le rythme d'évolution de chacun. Cette ouverture va se faire beaucoup plus subtilement par des lectures ou des échanges d'idées.

Si une personne est très évoluée et que son centre Ajna est fermé, le cas est différent : son sixième centre devient une sorte de fusible qui a disjoncté, car il y a une surtension sur la ligne et les échanges d'énergie sont perturbés. Ainsi, pour protéger les systèmes supérieurs plus subtils, le transfert d'énergie a été interrompu. Là encore, il ne faut pas intervenir artificiellement d'une manière extérieure avec les cristaux ou autre chose. Cela ne rendra pas service à la personne.

Pour que le courant passe de nouveau, la conscience de la personne doit intervenir, et vous pouvez l'aider en parlant avec elle et en communiquant à son mental des informations qui vous viennent. Quand elle aura résolu elle-même la tension dont elle est le siège, seulement alors le sixième centre se remettra à fonctionner normalement.

Ce type de tension provient en général d'une surcharge d'énergie de puissance qui a investi le système de cette personne au point qu'elle ne peut plus filtrer, transformer et canaliser l'énergie.

II. LA BAGUETTE DU THÉRAPEUTE

1. Fabrication d'une baguette de thérapeute

Cette baguette est aussi appelée baguette d'énergie. Pour la réaliser, le plus important est le choix des cristaux. Vous pouvez bien entendu coller un ou deux cristaux sur un bout de tube de cuivre, mais cela n'ajoutera pas grand-chose. Prenez de préférence des cristaux naturels et bruts à pointe à peu près centrée, qu'on appelle générateurs. L'idéal serait que six facettes se rejoignent à la pointe, mais c'est très rare. Donc choisissez trois facettes qui se rejoignent, alternées avec trois facettes triangulaires. Ce type de pointe est le plus courant.

La forme de la pointe varie car chaque cristal est unique, mais l'essentiel est que les deux cristaux soient de la même couleur, c'est-à-dire que leurs facettes principales soient en résonance avec la même couleur primaire et que les deux couleurs latérales soient aussi en correspondance. Ces couleurs doivent être les mêmes que celles du thérapeute.

Utilisez l'antenne de Lecher ou un pendule pour déterminer les couleurs primaires auxquelles le cristal est relié. Mais il existe un autre critère de choix tout aussi important : il faut, d'un côté, un cristal qui soit en résonance avec la terre et le tellurisme, et de l'autre, un cristal qui soit en résonance avec le ciel et le plan cosmique. Pour déterminer si un cristal résonne avec le plan tellurique, on doit le tester avec l'antenne de Lecher, réglée sur 8.

Le cristal qui doit résonner avec le plan cosmique fera réagir l'antenne de Lecher réglée sur 12.

Cette jonction terre-ciel que constitue la baguette du thérapeute réalise un point de contact cosmo-tellurique à peu près aux deux tiers de la baguette en partant du cristal relié au tellurisme. Ce point de contact peut être repéré avec l'antenne de Lecher réglée sur 15,3.

Il vous faudra un peu de patience et beaucoup de cristaux à votre disposition pour sélectionner une paire de cristaux compatibles. Quand vous aurez choisi deux cristaux à peu près de la taille d'un gros pouce, cherchez deux réducteurs de plomberie en cuivre qui s'adaptent, d'une part à un tube de 12 mm de diamètre et d'autre part à l'un et à l'autre cristal (coupez un bout de tube à 21 cm).

Figure 42 :
la baguette du thérapeute

Assemblez les deux réducteurs et le tubc avec un peu de soudure. Collez les deux cristaux avec de l'Araldite, en insérant quelques gouttes d'une huile essentielle naturelle de qualité à l'intérieur du tube (elle a pour but de maintenir les cristaux à un taux d'énergie élevé). Cette huile essentielle sera déterminée au pendule pour qu'elle corresponde au thérapeute qui va utiliser la baguette.

Quand vous collez des cristaux, prenez soin d'aligner les couleurs et les facettes dans l'axe de la baguette. Terminez la fabrication de la baguette à l'aide d'une cordelette de coton ou de soie de couleur neutre ou de la couleur principale des cristaux. Commencez par le cristal-terre, enroulez la cordelette en spirale dans le sens des aiguilles d'une montre (spirale ascendante) du cristal tellurique au cristal cosmique (figure 42).

Votre baguette de thérapeute est prête (sa longueur varie entre 30 et 33 cm).

2. Utilisation de la baguette du thérapeute

Dans le chapitre sur les propriétés du cristal, il a été démontré que la stabilité atomique du dioxyde de silice était modifiée par une énergie extérieure, mécanique, électrique ou thermique, et que le cristal transformait cette énergie ; or nous savons que les interactions subatomiques, c'est-à-dire des particules, sont modifiées par la présence de l'observateur. Celui-ci devient alors participant.

Les particules sont les constituants du noyau de l'atome. On en a découvert plus de deux cents à l'heure actuelle et on en découvre chaque jour de nouvelles. Certaines ont des masses pratiquement nulles. Elles voyagent à une vitesse proche de celle de la lumière à l'intérieur du noyau et s'entrechoquent sans cesse en donnant naissance à de nouvelles particules. Elles ont parfois une durée de vie d'un milliardième de seconde. Les physiciens quantiques les ont nommées neutron, proton, sigma, muon, kaon, photon, lambda, électron, etc.

La pensée humaine crée des vibrations qui ont une action sur l'environnement, c'est la théorie de base de la pensée positive. Cette pensée qui souvent vagabonde dans notre cerveau peut être focalisée par une visualisation précise et diriger notre volonté vers le but que nous avons choisi. Mais de quoi s'agit-il en fait ? De quoi est formée cette visualisation et que focalise-t-on vers un futur possible ?

La concentration mentale est en fait un déplacement de particules subatomiques que le "participant" véhicule avec sa projection ou sa visualisation. Pour créer un effet par un déplacement de particules à l'aide de l'énergie mentale, il n'est pas nécessaire de connaître le nom de l'élément, ni sa position, ni sa vitesse. Il faut seulement, comme un archer *zen*, s'unifier à sa cible d'une manière totale.

Dans la baguette du thérapeute (figure 43), les deux cristaux sont polarisés, mais l'énergie est stable. À l'instant où le thérapeute s'en saisit, il active et accélère le champ de force subatomique. L'énergie canalisée par l'un ou l'autre cristal, unie au magnétisme personnel du thérapeute, peut être focalisée vers une zone à soigner, soit pour rééquilibrer les centres vitaux, soit pour réparer l'œuf aurique, soit pour recharger une personne en énergie cosmique si elle est trop arrimée à la terre, ou encore en énergie "terre" si elle est trop "décollée".

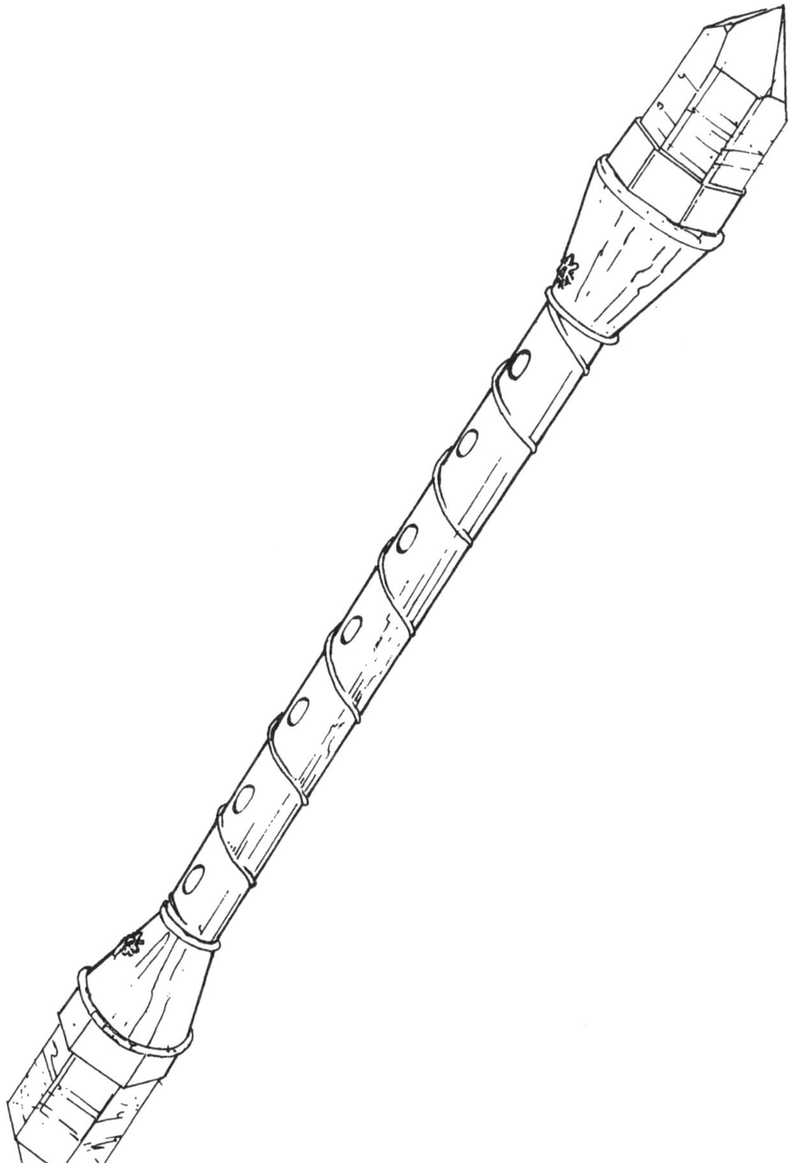

Figure 43 : baguette du thérapeute en argent avec sept pierres médicinales de couleur, reliées aux sept chakras, pour la chromothérapie

III. MASSAGE AVEC LE CRISTAL

1. Massage énergétique

Pour ce type de massage, vous pouvez utiliser une pointe de cristal laser. Installez une table de massage ou une table assez longue de manière à être à la bonne hauteur. Si ce n'est pas possible, faites allonger la personne sur le sol et agenouillez-vous près d'elle. Il est préférable qu'elle soit déshabillée, mais ce n'est pas indispensable.

Essayez de sentir le champ d'énergie de la personne allongée, et dans quel état elle se trouve. Détendez-vous et inspirez longuement et profondément. Frottez vos deux paumes l'une contre l'autre assez rapidement et avec force, de manière à activer les deux centres se trouvant à l'intérieur de vos mains. Ensuite étendez vos deux mains au-dessus du corps de la personne, à environ 30 cm, et commencez à caresser son aura, de manière à bien vous mettre en phase avec elle et à sentir ses rythmes crâniens et sacrés.

Prenez alors votre cristal de massage dans la main droite, orientez la pointe vers le corps et rapprochez-vous à 10 cm de celui-ci au niveau du rayonnement éthérique. Commencez à créer un balayage sur les membres inférieurs en partant des pieds et en remontant vers le bassin (figure 44).

Procédez d'abord d'une manière assez rapide, assez globale, puis passez plus doucement et, en visualisation, projetez l'énergie du cristal sous la peau, puis rentrez dans les muscles et réharmonisez les courants. Rentrez dans les veines et dans les canaux lymphatiques et, toujours en visualisation, fluidifiez les circulations.

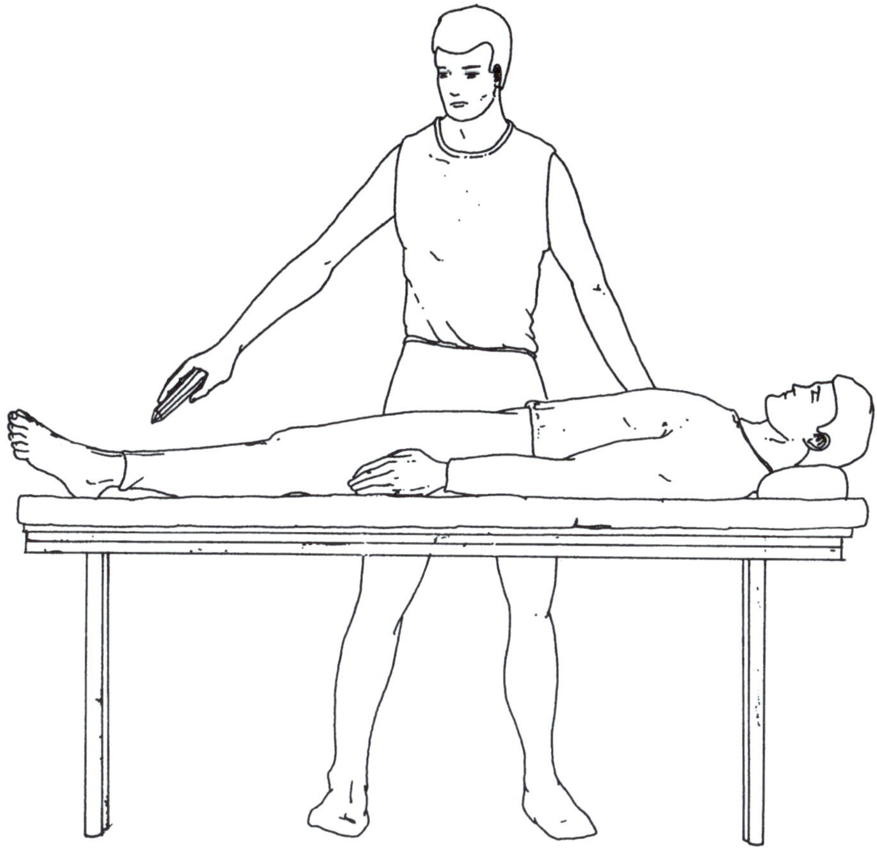

Figure 44 : massage énergétique à l'aide d'un cristal laser

Rentrez ensuite dans les os et dynamisez la moelle rouge. Visualisez l'ensemble de l'os rempli de moelle rouge. Allez au-delà du corps physique en continuant à balayer des pieds vers le bassin. Percevez les tensions émotionnelles et mentales qui se sont accumulées dans les membres inférieurs et qui se manifestent par d'imperceptibles crispations nerveuses. Générez avec le cristal des vibrations apaisantes et réharmonisantes. Prenez votre temps, laissez l'énergie cristalline entrer en profondeur.

Dès que vous le sentez, commencez à traiter les membres supérieurs de la même manière que les membres inférieurs, depuis les mains vers les épaules en pénétrant progressivement et en libérant les tensions. Traitez ensuite le dos, en remontant vers le haut jusqu'aux épaules, tout en laissant agir le cristal à distance. Travaillez toujours en visualisation.

Faites retourner la personne sur le dos pour effectuer un massage énergétique des organes en commençant par les poumons et le cœur. Faites de grandes circonvolutions dans le sens des aiguilles d'une montre à 10 cm du corps, en visualisant l'énergie du cristal qui pénètre dans les organes. Puis passez en dessous du diaphragme. Votre visualisation pénètre plus profondément dans les organes, l'estomac, le pancréas, la rate, les reins, les intestins, la vessie et le foie, en faisant une spirale dans le sens des aiguilles d'une montre.

Essayez de sentir si le corps que vous avez en face de vous se détend, soyez à l'écoute de ses réactions. Visualisez les réseaux éthériques et astraux qui relient les différents corps. Essayez de capter les fuites possibles d'énergie autour de l'œuf aurique. Reconstituez et réharmonisez cette aura à l'aide du cristal. Ensuite, laissez la personne allongée en silence quelques minutes pour qu'elle intègre cette réharmonisation. Nettoyez votre cristal après chaque séance.

2. Massage musculaire

Ce type de massage, qui se fait au contact de la peau, peut être très efficace pour les tensions et les blocages d'énergie. Utilisez une pointe de massage laser avec la partie ronde (figure 45).

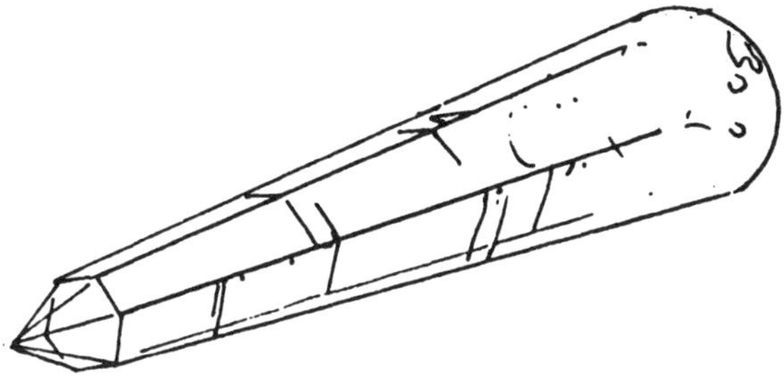

Figure 45 : point de massage laser

Les cristaux de massage laser sont de longs cristaux transparents à six facettes avec une pointe pyramidale d'un côté et un bout arrondi de l'autre. Ils ont été taillés pour être utilisés en thérapie. Dans les massages énergétiques, vous utilisez la pointe avec laquelle vous focalisez l'énergie, mais dans le massage musculaire classique, vous utilisez la partie arrondie. Vous pouvez aussi utiliser un pouce de cristal (figure 46).

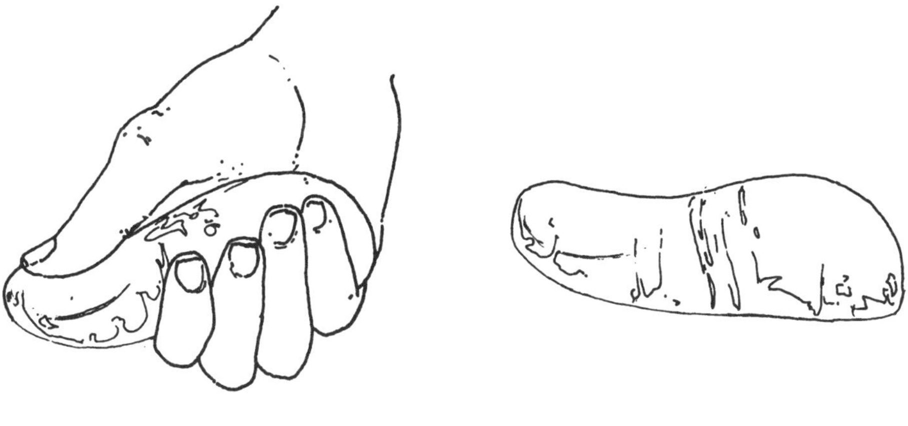

Figure 46 : pouce de massage

C'est une forme très énergétique qui ressemble à un pouce aplati d'un côté et qui présente une boule de l'autre, avec une petite pointe pour travailler en digipuncture.

Ce sont des pointes de massage très agréables pour les massages californiens, les drainages lymphatiques ou le shiatsu. Dans tous les cas, vous pouvez ajouter au bienfait d'une technique la vibration merveilleuse du cristal.

3. Action du cristal sur le thérapeute

C'est là un avantage extraordinaire dont bénéficient les thérapeutes ou les masseurs qui utilisent des cristaux. L'action du cristal qui s'additionne aux bienfaits du massage profite au thérapeute autant qu'au patient.

Les cristaux réharmonisent les corps subtils de la personne traitée et ont un effet similaire sur le corps du masseur, car les corps subtils communiquent entre eux : quand l'un se rééquilibre, l'autre en profite aussi.

4. Le cristal et la douleur

Le cristal peut être utilisé avec beaucoup d'efficacité pour traiter des douleurs persistantes, surtout si celles-ci sont reliées à des déséquilibres énergétiques.

Il convient d'abord, quel que soit le cas à traiter, de réaligner les corps subtils avec le corps physique, de relancer la spirale des différents centres et ensuite de traiter localement avec différents cristaux.

Pour soigner les maux de tête ou les sinusites, vous pouvez utiliser deux œufs de cristal que vous roulez sur vos yeux ainsi que sur vos tempes. Vous avez bien sûr, au préalable, purifié ces œufs de cristal et vous les avez programmés pour disperser les tensions et réharmoniser vos courants d'énergie vitale (figure 47).

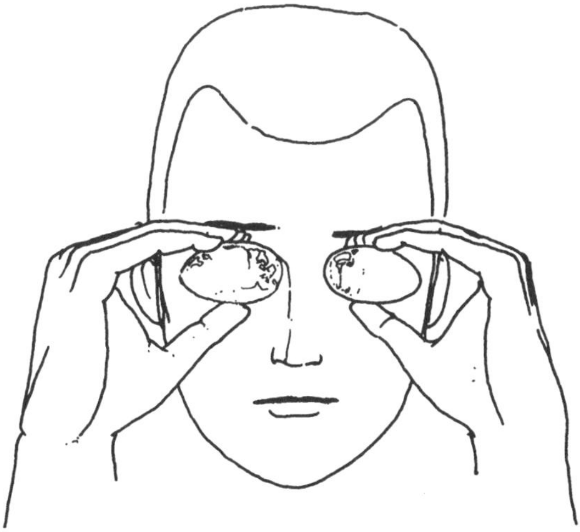

Figure 47 : traitement des névralgies avec massage des yeux et des tempes à l'aide d'œufs de cristal

Choisissez deux œufs bien transparents et de la taille d'un petit œuf de poule (les œufs d'améthyste sont aussi très efficaces grace à l'action analgésique de cette pierre).

Simultanément au massage local, concentrez-vous sur votre respiration ventrale, sur un point en dessous du nombril. Cela va accumuler du sang dans cette zone et ainsi décomprimer la région douloureuse.

Vous pouvez vous traiter ainsi pour des maux de tête ou toute autre douleur dans le corps avec ces œufs de cristal.

Les résultats sont très rapides ; mais vous pouvez plus spécifiquement travailler sur chaque zone du corps avec le cristal ou la pierre qui lui correspond :

- les pierres noires au niveau des pieds
- les pierres brunes au niveau des genoux
- les pierres rouge brique au niveau du coccyx, de l'anus ou de la vessie
- les pierres rouge vermillon orangé au niveau des glandes génitales et pour la zone intestinale
- les pierres jaunes au niveau du plexus solaire et pour la zone gastrique
- les pierres vertes ou roses au niveau du cœur et au niveau émotionnel
- les pierres bleues au niveau de la gorge
- les pierres indigo au niveau du front
- les pierres violettes et blanches au niveau du sommet du crâne.

Si la couleur des pierres pour l'activation est en rapport avec celle des chakras, on s'aperçoit qu'une pierre peut aussi être indiquée pour une autre localisation.

Avant de traiter, il faut déterminer la pierre appropriée, l'endroit où l'appliquer et le laps de temps pendant lequel elle doit agir. Vous faites ce choix à l'aide d'un pendule ou en prenant le pouls. Vous pouvez porter la pierre dans un petit sac en coton que vous agrafez à l'endroit choisi ou dynamiser de l'eau minérale que vous boirez à des moments déterminés.

Quatrième chapitre

THÉRAPIE DE L'HABITAT

I. LE PENDULE DE CRISTAL

Pourquoi un pendule ? À quoi sert-il ?

Le pendule est comme une sorte de canne blanche pour les aveugles que nous sommes. Nous avons, quelque part en nous, la réponse instantanée à toutes les questions que nous nous posons. Nous avons en nous toutes les solutions, et même plus encore, les solutions à des problèmes qui ne se sont pas encore posés.

Cette partie de nous-même si mystérieuse et si merveilleuse est un niveau de conscience très élevé. Habituellement, nous n'avons pas d'accès direct et clair à ce niveau. Seuls quelques êtres très évolués nous ont parfois, au cours de l'histoire, donné la preuve que le contact avec ce niveau était possible d'une manière permanente.

Mais si ce contact conscient est impossible pour l'instant, notre structure de poupées russes et de corps subtils qui s'emboîtent les uns dans les autres permet à notre corps physique d'entrer en résonance avec cette sagesse et cette connaissance intuitives et universelles.

Alors le pendule se met à osciller d'une manière telle qu'il va révéler au mental concret et conscient le message de notre surconscient par l'intermédiaire du corps qui résonne et du bras qui vibre. C'est pourquoi il est impératif d'être "juste" quand vous utilisez le pendule, c'est-à-dire de le faire pour une cause juste qui va générer une action juste, et en harmonie avec vous-même et les autres autour de vous.

Assis sur une chaise, les jambes décroisées et les pieds posés à plat, branchez-vous sur votre corps spirituel ou votre Père spirituel. Demandez de recevoir les réponses justes au problème posé. Je suis sûr qu'elles vont vous étonner par leur véracité.

1. Fabrication

Il existe de nombreux pendules en matériaux variés : bois, pierre, terre cuite, métal, matières composites. On répertorie trois cents types de pendules avec des spécialités très diverses pour chacun d'eux.

Tous les pendules se chargeant d'énergie parasite, le premier avantage d'un pendule en cristal de roche est qu'il se décharge très facilement grâce à une visualisation de lumière qui le traverse, par le souffle, ou, si vous avez le temps, en le mettant une nuit dans l'eau salée. Le deuxième avantage d'un pendule en cristal, c'est que vous allez pouvoir le programmer de votre convention mentale.

Vous pouvez très facilement confectionner un pendule de cristal. Choisissez un cristal qui corresponde à votre couleur principale et dont les deux couleurs latérales soient aussi les mêmes que les vôtres. En plus de la couleur, il doit bien sûr vous plaire.

Sélectionnez un cristal de 15 ou 20 g et d'une forme un peu allongée comme un doigt. Il doit avoir une pointe centrée, mais il peut être poli ou brut, cela n'a pas d'importance.

Ensuite, il vous faut trouver un bijoutier dans votre quartier qui accepte de réaliser ce petit travail très simple, mais qui demande un peu de matériel et d'habitude. Vous faites percer verticalement un petit trou de 2 ou 3 mm à la base du cristal et vous commandez un anneau monté sur une petite coupelle, elle-même montée sur une tige, que vous ajustez au petit trou. Vous collez l'ensemble avec de l'Araldite transparente (figure 48).

Une fois ce travail réalisé, il ne vous reste qu'à trouver une chaînette ou un cordon de soie ou de coton, et votre pendule est prêt.

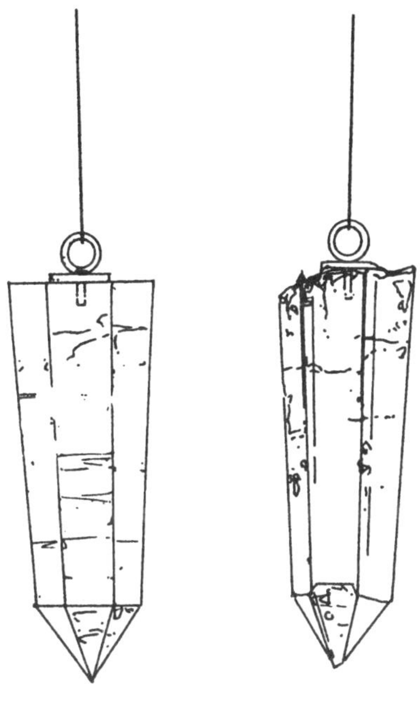

Figure 48 : pendules de cristal poli et brut

2. Utilisation

Il faut maintenant établir la convention mentale qui va vous permettre d'utiliser votre pendule. Tenez-le avec le poignet un peu fléchi entre le pouce et l'index, et lancez une oscillation d'avant en arrière en vous concentrant sur le "oui", sur une réponse positive. Vous attendez du pendule qu'il détermine son "oui". Quand il l'a fait, lancez-le une nouvelle fois pour le "non". Quand vous avez une franche réponse, qui doit être l'inverse du "oui", votre convention mentale est établie. Persévérez, cela demande un peu de temps pour affiner votre perception.

Peu importe dans quel sens le pendule tourne, du moment que le "non" est à l'inverse du "oui". Il se peut que le "oui" soit d'avant en arrière et le "non" de droite à gauche ou l'inverse. Cela n'a aucune importance. La seule chose qui compte, c'est "VOTRE" CONVENTION.

Voyons maintenant l'utilisation du géodynamètre appelé aussi règle universelle (figure 49).

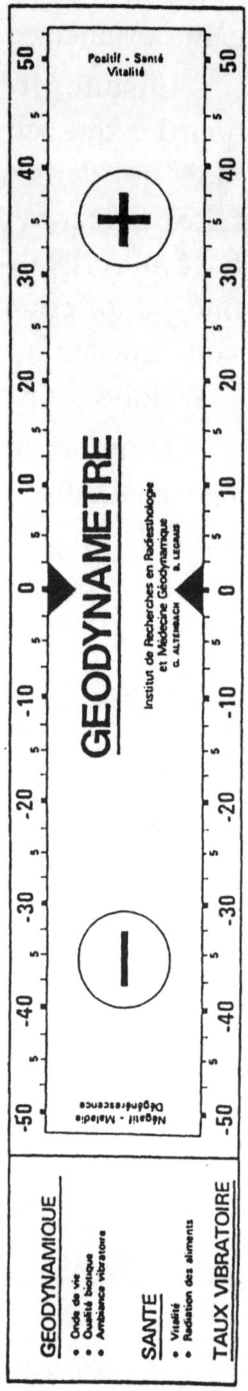

Figure 49 : géodynamètre ou règle universelle (G. Altenbach et B. Legrais)

Présentez le pendule devant la marque 0, et lancez-le perpendiculairement d'avant en arrière. Il vous faut soutenir l'élan de cette oscillation. Ce que vous allez analyser est l'orientation de cette oscillation. Elle doit donc être franche pour vous permettre une lecture. Si l'oscillation penche en oblique vers la droite, déplacez votre main de 0 vers une valeur positive jusqu'au point où le pendule reprend une oscillation perpendiculaire à la règle ; cela vous donnera une valeur positive.

Si l'oscillation penche en oblique vers la gauche, déplacez votre main le long de la règle jusqu'au point où l'oscillation oblique du pendule redevient perpendiculaire à la règle ; cela vous donnera une valeur négative. Dans ce cas, c'est la règle qui est votre convention mentale. Sur cette règle, il n'y a pas d'unités, c'est pourquoi elle se nomme règle universelle. C'est vous qui fixez l'unité, si nécessaire, en fonction de ce que vous analysez. Cela peut être des millimètres, des kilomètres, des années, un pourcentage, des degrés etc., ou simplement un rapport abstrait en fonction du zéro, du positif et du négatif.

Il existe de nombreux diagrammes sur lesquels vous pouvez travailler, comme les deux ci-dessous (figure 50).

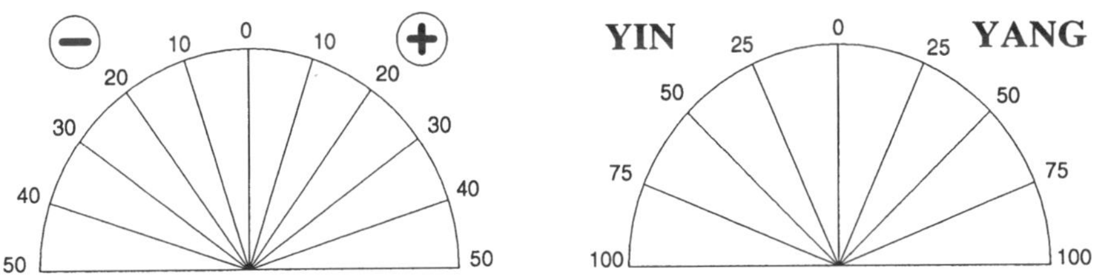

Figure 50 : cadrans-types pour la recherche radiesthésique

II. NEUTRALISATION DU RÉSEAU HARTMANN

La géobiologie est la science du tellurisme.

Gea = terre
bio = vie
logos = verbe, vibration.

C'est donc la science de la vie de la planète dont la connaissance remonte à la nuit des temps. Les mégalithes qui ont été érigés en Europe – en Irlande, en Écosse, en Bretagne, comme dans la France entière –, témoignent d'une civilisation qui avait conscience de cette réalité.

Dans les alignements de Carnac, par exemple, les menhirs suivent les lignes de force : ils sont tous placés à l'intersection de deux lignes telluriques. On retrouve cette précision pour toutes les pierres dressées. Ces pierres étaient beaucoup plus nombreuses avant l'ère chrétienne, et chacune d'elles était placée sur un endroit particulier pour disperser l'excès d'énergie nocive d'un point spécial, ou pour tenir un pôle de jonction cosmo-tellurique. Ces pôles étaient régulièrement réactivés par les rituels druidiques.

Il est intéressant de noter que toutes les églises chrétiennes ont été bâties en accord avec ces lois, à l'endroit même des anciens dolmens détruits par les premiers missionnaires chrétiens pour abolir les rituels dits “païens”. L'autel a été placé sur un point de spirale ascendante et, derrière l'autel, au fond de l'abside, se trouve le point dolmen de spirale descendante.

Il y a des points très énergétiques sur la planète et dans le passé ces lieux ont été balisés avec des sanctuaires, aussi bien en Asie, en Inde, au Moyen-Orient qu'en Amérique et en Europe.

Sur la planète entière, l'humanité a toujours eu conscience de ces lignes de force dont certains points-carrefours permettaient des transferts interdimensionnels... Mais cette conscience du tellurisme et de ces lignes de force n'était pas réservée aux seuls grands prêtres et aux ordres bâtisseurs de cathédrales.

Dans toutes les campagnes, durant les siècles passés, nos ancêtres ont construit en respectant ces lois, même quand il s'agissait de maisons ou de fermes. L'architecte et l'entrepreneur n'étaient pas les premiers corps de métier sollicités. On appelait d'abord le sourcier qui balisait le terrain et plantait en terre de petits bâtons pour localiser le réseau des lignes telluriques et la déformation de celui-ci. Le réseau a été appelé, plus tard, réseau Hartmann, du nom de son redécouvreur.

Ce réseau se croise comme un filet, perpendiculairement, avec des mailles orientées nord/sud et d'autres est/ouest. Il est la résultante d'une polarisation magnétique due à la rotation de la planète sur son axe avec un noyau riche en métaux lourds (fer et nickel en majorité).

Chaque maille est distante d'environ 1,50 à 2 m ; sur toutes ces mailles le sourcier plaçait des repères. Ensuite, quand l'architecte venait, le sourcier lui précisait à quel endroit et dans quelle direction il était possible de construire pour garantir le bien-être optimum des futurs habitants (figure 51).

Aujourd'hui, le travail est fait à l'envers. Les maisons sont construites n'importe comment et n'importe où, car les promoteurs font du remplissage sur les parcelles qu'ils achètent ; le géobiologiste doit intervenir après pour essayer de supprimer ou de neutraliser les nuisances.

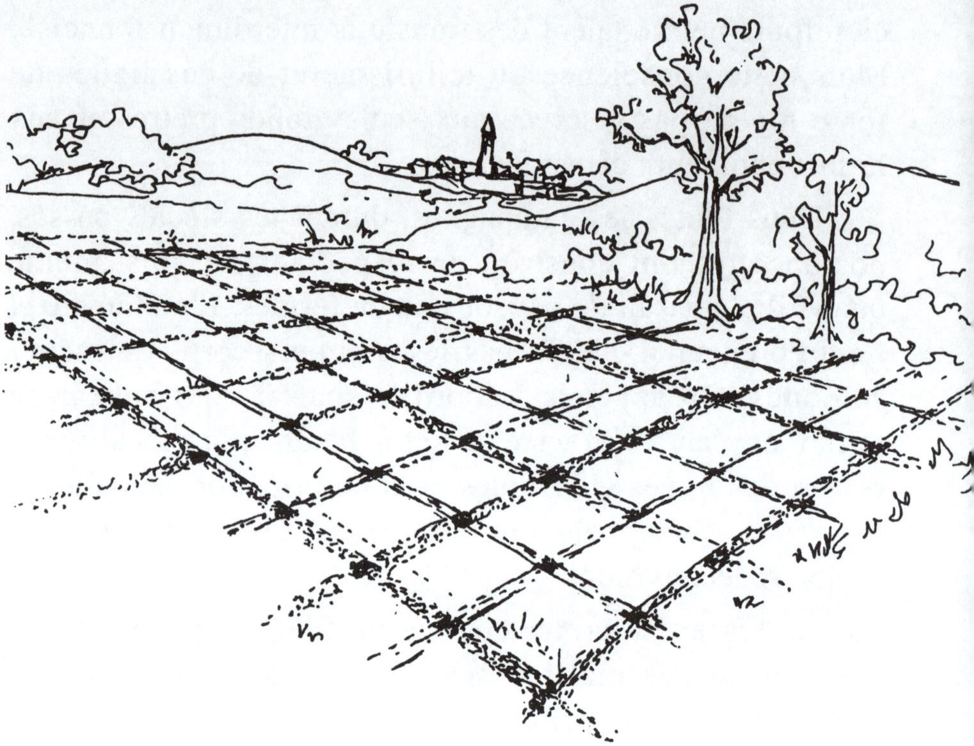

Figure 51 : représentation du réseau Hartmann dans un champ

Chaque maille est distante d'environ 2 m à 2,50 m. L'intersection de deux mailles s'appelle un "nœud".

Et ce ne sont pas des nuisances anodines. Les mailles ne sont pas gênantes mais leurs intersections le sont. Cependant, même si un nœud, un croisement de mailles, n'est pas mortel, il perturbe les corps subtils, éthérique et astral, comme nous l'avons vu dans le chapitre *Thérapie énergétique*. Quand ces corps sont perturbés, cela génère un déséquilibre des circulations d'énergie et entraîne peu à peu la pathologie d'un organc ou d'une fonction.

Il faut savoir qu'il existe des croisements de mailles extrêmement dangereux. Si une rivière souterraine ou une faille passent en dessous de la maison, elles créent une remontée de vibrations qui sont très nocives, et lorsque ce courant d'eau ou cette faille sont couplés avec un croisement du réseau, ce point restimulé devient pathogène. Si votre lit est placé sur un tel point, ce qui représente sept à huit heures par jour d'exposition, vos différents corps sont tellement perturbés qu'ils peuvent développer une très grave maladie en quelques mois (cancer, ulcère ou accidents cardiovasculaires).

Il y a bien sûr d'autres nuisances qui sont dues aux matériaux des maisons et à notre environnement ; mais je n'aborderai dans cet ouvrage que les nuisances qui peuvent être neutralisées par les cristaux.

Il est donc indispensable de tester l'emplacement de votre lit et de déterminer l'axe du réseau ainsi que son rythme, et la distance qui existe entre chaque maille de manière à déterminer les nœuds. Ensuite, essayez de placer votre lit en dehors de ces nœuds ou d'éviter qu'un organe vital soit au-dessus d'un nœud. Il existe bien sûr des cas où ce sera impossible à cause de la disposition ou de la taille de la chambre à coucher. Dans ce cas-là, vous pouvez tenter de neutraliser l'émission de ce nœud, à l'aide d'un cristal et d'un cercle chromatique.

Prenez un cristal de type générateur assez massif et testez-le pour localiser les faces bleue, rouge et verte. Purifiez-le, puis installez un sceau de Salomon chromatique créé par Ghadiali sur le nœud. Respectez l'alignement nord-sud : placez le vert au nord, le magenta au sud.

Posez le cristal au centre du sceau de Salomon en suivant les correspondances de couleurs et faites la programmation de ce cristal pour qu'il neutralise, disperse et compense l'émission de ce nœud du réseau. Vous pouvez utiliser cette technique pour assainir les vibrations de l'ensemble de votre maison (figure 52).

Prenez soin de tester votre installation à l'aide d'un pendule avant et après pour évaluer l'amélioration, et n'oubliez pas de purifier le cristal régulièrement en réactivant sa programmation. Les nœuds pathogènes ne deviennent nocifs pour la santé qui si l'on s'expose au-dessus d'eux plusieurs heures par jour. Donc le problème se pose plus particulièrement pour le lit et pour la chaise de travail

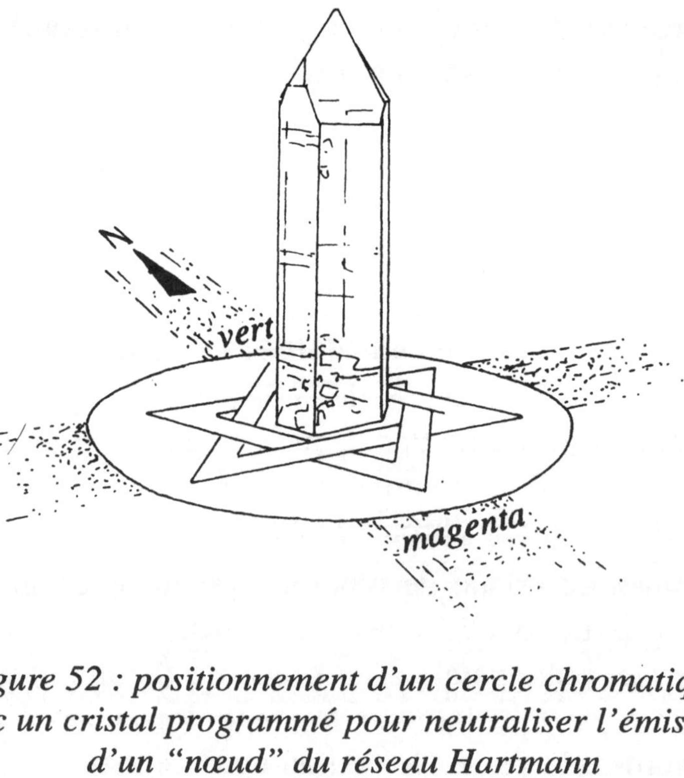

Figure 52 : positionnement d'un cercle chromatique avec un cristal programmé pour neutraliser l'émission d'un "nœud" du réseau Hartmann

où certaines personnes passent la journée entière.

III. COMMENT PURIFIER UN LIEU

1. Étude du lieu

Si les habitations modernes ont été construites sur des terrains non testés, les habitations anciennes créent elles aussi des problèmes à leurs occupants, c'est pourquoi il est bon de tester les murs et le lieu autant que le sous-sol.

Si votre habitation est une location, un héritage, ou un achat, il est possible que les précédents locataires ou habitants aient imprégné les murs et le lieu de leur énergie, inconsciemment bien sûr. Il ne s'agit pas ici de magie, mais d'une vibration résiduelle qui persiste après le départ de quelqu'un. Pendant longtemps cette personne a gravé sa propre émission vibratoire qui s'est inscrite comme un programme dans les murs, les parquets ou les meubles.

Si la maison est neuve, testez-la aussi, car les personnes qui ont travaillé à sa construction n'ont peut-être pas tout emporté en retirant leurs outils.

Quand vous arrivez quelque part, prenez possession du lieu par un grand nettoyage de fond en comble, même s'il vous paraît propre. Ceci a pour but d'installer votre énergie : chassez la poussière, remuez tout, bougez les meubles, secouez les tapis, décrochez les tableaux, etc.

Sachez que de nombreuses charges astrales s'accrochent sur la saleté, la poussière, et dans les recoins.

Ensuite, faites le diagnostic du lieu et un traitement approprié à chaque nuisance quand elle se présente.

2. Résultante vibratoire générale

Testez d'abord le lieu sur un géodynamètre avec un pendule. La mesure obtenue vous donnera une idée de l'importance globale des nuisances de l'endroit où vous êtes.

+ 35 : forêt de sapins, bord de mer, très bonne campagne

+ 20 : bon

+ 10 : légèrement perturbé (nuisance proche)

0 : lieu perturbé, campagne polluée, maison avec nuisances, village avec réseau électrique et beaucoup de béton

- 10 : ville de province, maison avec nuisances assez fortes

- 20 : grande ville en général, maisons avec fortes nuisances (haute tension)

- 30 - 40 : grande ville avec faille ou cours d'eau; maison avec très fortes nuisances, rayonnement radioactif, envoûtement, ou générateur EDF.

3. Souffrance dans les murs

Si les murs ont enregistré de la souffrance ou de la douleur, vous pouvez le vérifier à l'aide de votre pendule de cristal. En effet, comme cela est expliqué plus haut, des personnes qui souffrent pendant longtemps dans une pièce imprègnent les murs de leurs vibrations, et après leur départ cela reste mémorisé.

Si c'est le cas, libérez cette souffrance, dissolvez-la avec une bougie allumée (bougie de Neuvaine à base de graisse végétale) et par une méditation pour transformer ces énergies qui sont restées bloquées dans la matière. Testez ensuite pour vérifier.

4. Libération des entités

Testez à l'aide de votre pendule de cristal pour savoir s'il y a des entités encore présentes dans ce lieu, c'est-à-dire si l'âme d'un ancien occupant est toujours là, près du plan physique, mais incapable, par manque d'élan spirituel, de se dégager de la condensation. Sa mort peut remonter à des dizaines d'années car dans l'astral le temps n'a pas la même valeur. Vous pouvez faire quelque chose pour elle.

Quelle que soit la raison qui la maintient ici, proche du plan formel, c'est son ignorance et son inconscience qui l'empêchent de s'élever. Vous avez cette conscience et vous avez la volonté de l'aider. Vous êtes beaucoup plus puissant que sa résistance. Aidez cette âme à se transférer par une méditation, en lui montrant le chemin de la pure lumière qui est en relais avec le principe unitaire et divin.

Cependant, prenez garde de gérer la force qui a maintenu cette âme prisonnière et préparez-vous à assumer cette puissance. Elle n'est ni bonne ni mauvaise. Tout dépend de l'usage que vous allez en faire. Si, par ignorance, vous renforcez votre pouvoir sur autrui à l'aide de cette force, celle-ci va arrimer votre âme plus profondément dans la condensation. À l'inverse, si vous œuvrez pour les plans de lumière, cette force va dynamiser votre élan spirituel et accélérer votre processus d'évolution.

5. Contrôle du système minéralien

Quand le traitement du lieu est terminé, vous pouvez faire un travail plus subtil. Placez des améthystes aux quatre coins de la maison ou de l'appartement – elles vont augmenter le taux vibratoire du lieu – et programmez-les avec une intention de purification de l'espace et des habitants. L'améthyste est une excellente pierre de protection, mais elle se charge très vite. Nettoyez-la dans de l'eau salée régulièrement.

Placez une grande fleur de cristal de roche quelque part dans la salle de séjour ou la pièce principale. La taille de ce cristal doit être proportionnelle à la surface de l'habitation. Comptez un champ d'activité de l'ordre de 1 m pour 1 cm de hauteur du cristal. Donc un cristal de 5 cm porte environ à 2,50 m. Pour un appartement de 100 m^2, il faut une fleur de 1 kg à 1,5 kg et haute de 10 cm environ. Vous programmez ce cristal à votre convenance, par exemple pour la paix dans cette maison, l'harmonie, l'abondance, le contact spirituel...

Tout ce travail correspond à une prise de conscience de votre espace d'une manière interdimensionnelle. Votre habitation est le lieu qui soutient votre vie, c'est l'endroit où vos pieds touchent le sol, où vos mains touchent les murs. Il est primordial de contrôler votre lieu, car vous maîtrisez l'énergie tellurique qui vous concerne. C'est votre système de contrôle de base ou minéralien.

IV. LE CRISTAL ET LE DÔME GÉODÉSIQUE

Le dioxyde de silice a besoin de conditions très particulières au cours de son long processus de refroidissement pour assembler ses constituants et réaliser une parfaite cristallisation. La condition de base, c'est l'espace. Il faut la présence d'une bulle de gaz dans cette soupe de silice sans laquelle le dioxyde de silice resterait amorphe. Cette bulle de gaz sera le futur four à cristaux ou la future géode, c'est-à-dire une roche creuse tapissée d'une multitude de cristaux. C'est un univers merveilleux dans lequel nous rêvons de pouvoir nous inclure ; un espace où les hautes énergies du cristal, amplifiées par la présence du groupe, peuvent atteindre un potentiel de transformation étonnant.

Mais qui peut se permettre de vivre dans une géode de cristal ? Ce n'est pas commode ni très courant. Par contre, il existe une structure dite géodésique qui reproduit les mêmes ondes de forme que celles générées par la géode de cristal. En effet, les cristaux assemblés les uns aux autres constituent des hexagones juxtaposés comme peut en présenter le dôme géodésique (figure 53).

Dans une géode, tous les cristaux convergent vers le centre. De même, dans le dôme géodésique, les médiatrices des hexagones convergent toutes vers le centre, comme les pointes fictives de cristaux invisibles, et l'onde de forme générée par une telle structure est parfaitement équilibrée. Le dôme géodésique est donc un volume dans lequel il fait bon vivre, même si les murs courbés peuvent

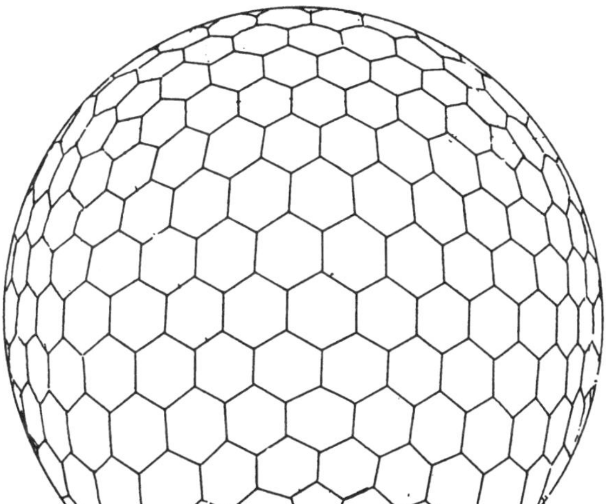

Figure 53 : structure géodésique

Mise en évidence de l'assemblage d'hexagones comme les bases des cristaux dont les pointes convergent vers le centre de la sphère.

vous poser des problèmes pour l'agencement.

De nombreuses personnes ont fait l'expérience de ce type d'habitat avec un vif plaisir. Il faut savoir que les angles d'une pièce carrée génèrent des ondes pathogènes et la résultante vibratoire n'est pas équilibrée. Les voûtes et les coupoles de certaines constructions ne sont pas seulement esthétiques ; elles obéissent à un souci d'élévation spirituelle des énergies.

Dans les temps primitifs, l'homme a toujours construit rond : la case, la yourte, l'igloo, la hutte, le tipi ; on retrouve cette tendance chez les animaux : le terrier, le nid, l'œuf. La matrice en général, ou l'abri, se doit d'être doux et rond.

Notre civilisation gérée par le cerveau gauche, qui est rationnel et concret, nous a fait perdre le contact avec cette évidence, et nous a fait construire des formes dont la qualité vibratoire et l'harmonie se sont détériorées avec les siècles qui passaient, pour arriver à une architecture technocratique ou néoclassique.

Il est à ce titre frappant de constater que tous les régimes totalitaires de l'histoire (Napoléon, Hitler, Mussolini, Franco, Ceaucescu, l'U.R.S.S. et les régimes fascistes d'Amérique du Sud), ainsi que les grandes banques ont repris le style néoclassique d'inspiration romaine pour édifier leurs palais ou leurs lieux de pouvoir, c'est-à-dire d'énormes édifices qui écrasent plutôt qu'ils n'abritent. Ce style déteint malheureusement sur l'habitat individuel.

Nous allons étudier ce que peut être une concentration des meilleures conditions énergétiques pour réaliser un habitat individuel idéal. Il y a d'abord l'environnement, bien sûr. Choisissez-le avec soin. Évitez les grands axes routiers, les voies de chemin de fer, les lignes à haute tension, les transformateurs EDF, les villes. Et ne dites pas que c'est impossible ! Si personne ne choisissait les villes, il n'y aurait que des habitats dispersés, ce qui semble être la formule la plus viable dans le futur pour compenser le dépeuplement des campagnes.

Une fois que vous avez découvert votre terrain, non loin d'un lac ou d'une forêt, réalisez un balisage du réseau Hartmann, des failles et des cours d'eau souterrains, pour choisir l'implantation de votre dôme, la disposition des pièces et la position du lit.

Ne faites pas de sous-sol et construisez sur une chape d'isochanvre (mélange de chanvre, de chaux hydraulique et de chaux aérienne). Construisez en bois et en isochanvre. Placez ensuite des cristaux autour de votre maison pour dynamiser le lieu sur les pointes d'un grand sceau de Salomon orienté nord-sud.

Au centre du dôme, placez un sceau de Salomon chromatique avec un cristal orienté suivant la référence colorée de ses facettes (voir paragraphe *Étude chromatique*) et programmez ce cristal ainsi que les cristaux gardiens avec des pensées de votre choix (paix, protection, élévation, harmonie, amour...).

Peignez les murs en blanc et aménagez des éclairages colorés que vous modulerez suivant les heures ou, pour compenser les carences chromatiques de chaque saison, avec la ou les couleurs manquantes : couleurs chaudes (rouge et jaune) en hiver, couleurs froides (bleu et mauve) en été. La liste de ces conditions énergétiques pour un habitat idéal n'est pas exhaustive et il ne tient qu'à vous de la compléter.

Voici un projet de village de type vernaculaire où l'inspiration moderne s'allie à la sagesse antique (figure 54).

Figure 54 : projet de village vernaculaire où architecture, activités, art de vivre et philosophie se synthétisent dans la même dynamique (projet Arkos)

Cinquième chapitre

MÉDITATION AVEC LE CRISTAL

Les exercices et méditations présentés dans ce dernier chapitre vont vous permettre, à l'aide du cristal, de favoriser, amplifier ou affiner la gestion de votre énergie interne ainsi que celle des interactions avec l'extérieur.

Peu à peu, vous allez retrouver un état d'équilibre comme celui du cristal, et un contact avec votre esprit supérieur, appelé aussi Père spirituel, se réalisera progressivement.

Au début, cela peut vous paraître ardu de vous asseoir en silence pour vous confronter à votre réalité. Mais ne vous laissez pas dévier ou décourager. Voici quelques techniques pour débuter, qui vont vous permettre de traverser les séances en traitant efficacement votre agitation intérieure.

I. EXERCICES PRÉLIMINAIRES

1. La relaxation

Pour parvenir à un bon état de relaxation, il est souhaitable que, par ailleurs, vous fassiez un peu d'exercice quotidien pour brûler les toxines. Mais faites une gestuelle lente qui recentre votre énergie en la calmant, plutôt qu'un exercice qui la fasse bouillonner ou éclater.

Choisissez de préférence le *Hatha-Yoga*, le *Tai Ji Quan*, le *Qi Gong* ou un des nombreux autres *Gong* (exercices) que recèle la culture chinoise.

L'exercice de relaxation profonde qui va suivre est extrait d'une technique appelée *Autogenic training*. C'est le premier exercice que j'ai pratiqué, et il m'a permis d'acquérir facilement une perception interne de l'énergie. Cet exercice va vous plonger dans un état complet de relaxation musculaire et nerveuse tout en aiguisant le contrôle de la pensée et la concentration.

Allongez-vous sur le dos et placez votre cristal de méditation sur votre plexus solaire, la pointe vers le haut si vous êtes calme ou fatigué, et la pointe vers le bas pour faire descendre l'excès d'énergie si vous êtes énervé ou exalté.

Passez en revue votre corps en le visualisant comme une horloge dont le cristal serait le centre et dont votre concentration serait l'aiguille que vous déplacez lentement dans le sens des aiguilles d'une montre (pied droit, main droite, tête, main gauche, pied gauche, etc.). Essayez de sentir :

• le poids : sentez votre main droite qui pèse, puis l'épaule, la tête, l'autre épaule, etc. Visualisez la terre qui vous pousse vers le haut, et dans le même temps l'attraction magnétique qui vous tire vers le centre de la planète. Cela crée un état d'équilibre (faites une concentration de 5 mn) ;

• la chaleur : sentez la chaleur dans votre pied gauche, puis déplacez votre attention sur le pied droit que vous sentez chaud, puis la main droite, etc. (pendant 5 mn) ;

• la circulation sanguine : sentez la pulsation artérielle quelque part où vous pouvez la capter quand vous avez le rythme, essayez de sentir votre sang pulser dans le pied droit par exemple, puis la main, l'épaule, etc. (pendant 5 mn) ;

• la synchronisation cœur/respiration : sentez votre cœur qui bat dans votre poitrine et qui envoie le sang dans votre corps. Si vous ne le sentez pas, mettez votre main, puis retirez-la jusqu'à ce que vous le sentiez intérieurement. Lorsque vous êtes concentré sur votre cœur et son rythme, réglez votre respiration sur ce rythme, par exemple :

- 4 battements pendant l'inspiration
- 2 battements poumons pleins
- 4 battements pendant l'expiration
- 2 battements poumons vides.

Trouvez le rythme qui vous convient et qui ne vous essouffle pas (3-1-3-1, ou 6-3-6-3) et allongez progressivement. Cette synchronisation cœur/respiration est très importante. En vous entraînant, vous allez acquérir un contrôle sur les états émotionnels qui peuvent vous perturber (comme la colère ou la peur). Cette synchronisation est aussi la technique de base pour la sortie hors du corps.

2. Contrôle de la pensée

Pourquoi est-il donc important de contrôler sa pensée pour méditer ? Comme nous l'avons vu dans l'étude du corps mental, la pensée doit être le prolongement de la dimension spirituelle. Si le mental se met à divaguer ou à rêver, il se décentre et ne peut rien élaborer.

De plus, notre être intérieur subit l'hégémonie du mental rationnel relié au monde formel, et la seule manière de rééquilibrer cet excès, c'est d'imposer le silence intérieur à ce mental débridé pour permettre à d'autres dimensions de nous-même de s'éveiller et de se révéler. La récitation des mantras (phrases sacrées que l'on répète inlassablement) est une technique très puissante car elle autohypnotise le mental concret, mais elle va favoriser une évolution où des qualités de conscience comme le discernement et la gestion de l'énergie seront absentes.

Il existe un moyen pour contrôler le flux des pensées et des émotions. Cette technique est excellente car elle permet "un retrait des sens" et un déplacement plus facile dans d'autres dimensions de conscience. C'est une posture connue en yoga sous le nom de "Shanmukti mudra"* (figure 55).

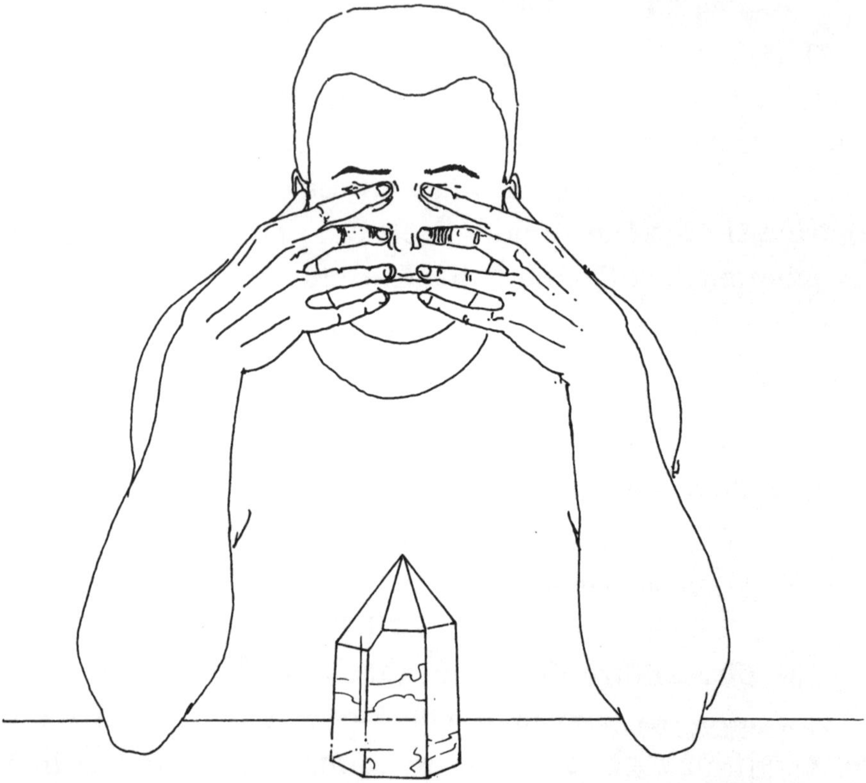

Figure 55 : technique de contrôle de la pensée
(fermeture des portes des cinq sens formels)

* *"Hatha-Yoga Pradipika" écrit au XVIIe siècle par le yogi Swatmarama.*

Asseyez-vous en posant le coude sur la table de manière à placer vos pouces sur vos oreilles. Les yeux sont fermés et le regard converge vers le centre frontal. Les index sont placés sur les yeux et les pressent légèrement. Chaque doigt majeur appuie sur une narine et les autres doigts restent sur la bouche.

Inspirez en pressant les doigts, faites une rétention d'air et intériorisez-vous... Dirigez votre attention vers votre axe interne (le canal central) et essayez de sentir la vibration ou la sonorité de cet axe. Ensuite, expirez lentement en dégageant vos mains, puis recommencez plusieurs fois.

Asseyez-vous en prenant une posture confortable et commencez à vous dissocier de votre processus de pensée. Notre *ego* est très résistant, il ne lâche pas prise facilement et il est alimenté par chacune de nos pensées : "Je pense que... je vais... je suis... on m'a... je devrais..." etc. Tous ces "je" ne sont que des "je" illusoires, limités et souvent en contradiction les uns avec les autres. Le véritable "je", c'est l'esprit unifié au mental. En attendant, le mental joue au petit maître comme le cocher fou du conte persan.

Pour permettre la venue du "Maître intérieur", il faut créer un silence, un intervalle. À chaque fois qu'une pensée apparaît, prenez du recul, laissez-la passer, renoncez à elle. "Je ne suis pas la pensée, je ne suis pas non plus la pensée qui voit la pensée, je ne suis pas du tout la pensée."*

Peu à peu, la vibration émise par votre affirmation va graver en vous cette certitude, et va programmer votre cristal pour ce travail. Par la suite, votre cristal programmé de la sorte va vous aider à ne plus vous identifier au flot de votre

** Cette citation, ainsi que de nombreux éléments de ce paragraphe, sont extraits de "La Science spirituelle du Kriya Yoga" de Goswani Kriyananda.*

pensée. Vous commencez à réaliser votre être véritable. C'est simple à décrire mais difficile à faire tous les jours.

Vous prenez conscience à travers cet exercice que vos pensées ne sont pas vous. Essayez de le faire 5 minutes par jour, seul ou en groupe, et conservez votre cristal programmé à l'abri, pour la prochaine séance.

3. La concentration

Il faut comprendre la différence entre le contrôle de la pensée et la concentration. Il faut en effet "vider la tasse de thé, pour la remplir de nouveau".*

Une personne agitée, qui a des problèmes, ne pourra pas se concentrer intérieurement, car le flot de ses pensées va constamment la déranger et la distraire. Le contrôle de la pensée amène à la concentration, mais il conduit aussi à la méditation. La concentration, qui est l'outil de travail du mental, peut avoir des supports variables.

Dans beaucoup de traditions ou de cultures différentes, la respiration est le support principal, mais souvent elle est couplée avec une visualisation comme une circulation de l'énergie, une lumière blanche ou colorée, un cristal ou un système de protection.

Peu importe le nombre de fois où votre mental s'écarte de la concentration, ce qui compte, c'est qu'il revienne tranquillement. Il est dans sa nature de se disperser dans tous les azimuts à partir d'un point de concentration. Par exemple, vous allez commencer ainsi : qu'est-ce qu'un cristal ? un symbole - et ensuite les symboles - la symbolique - votre dictionnaire des symboles dans la bibliothèque - où la lampe n'est toujours pas changée - il

* *D'après une histoire zen.*

faut en acheter une autre - je n'ai plus de liquide - la banque est fermée demain, etc.

Mais cette nature vagabonde de votre mental ne doit surtout pas vous désespérer, au contraire. Lentement, imperceptiblement, revenez à la concentration par des associations de pensées. Persévérez jusqu'à ce que le mental réalise que c'est mieux pour lui de rester sur la concentration plutôt que de se laisser aller à un rêve éveillé ou à la pensée vagabonde.

Évitez aussi de vous laisser dériver trop loin du sujet par des pensées latérales. Ne vous attardez pas sur des embranchements. Si vous vous concentrez sur le cristal, fixez votre attention solidement sur ce sujet jusqu'à un point dans votre entraînement où vous serez capable de créer une boucle et de revenir à votre point de départ. Par exemple : où trouve-t-on le cristal ? dans la terre, venant du magma - naissance d'une planète, d'une étoile - œuvre divine - vibrations divines omniprésentes - vibration du cristal.

Votre processus vous ramène à votre point de départ. À ce moment-là, non seulement vous êtes en concentration, mais vous touchez à ce qu'est la méditation. Il existe de nombreuses techniques de concentration, de même qu'il y a de nombreux points de concentration. Choisissez le point du corps le plus confortable pour vous, celui qui vous convient le mieux.

La concentration *zen* se focalise sur le deuxième chakra (4 cm sous le nombril) comme le *Qi Gong* d'où elle est issue.

La concentration bouddhiste birmane (*vipassana*) se focalise au-dessus de la lèvre supérieure, à la base du nez.

La concentration hindoue (cf. *Bagavad Gita*) se focalise au troisième œil.

Les personnes qui travaillent leur intellect et leur mental se concentrent au niveau du troisième œil. Concentrez-vous sur un point pour le dynamiser ou le renforcer.

4. La méditation

Il n'existe pas d'humain qui ne puisse pas méditer. Tout le monde a cette capacité potentielle même si certains l'utilisent plus ou moins. Méditer, c'est rentrer au centre de soi-même, au "milieu" de soi-même. Le monde événementiel est régi par la roue de fortune/infortune, et on ne sort de cette roue de changements qu'en étant au centre. Si on reste sur la circonférence de la roue, c'est-à-dire extériorisé constamment dans l'événement chanceux ou malchanceux, c'est le destin. Par la méditation, chacun peut avancer pas à pas dans le voyage de retour vers la conscience cosmique.

La méditation ne se limite pas à une visualisation ou à une technique. C'est une ouverture vers un niveau de conscience qui se réalise quand toutes les dualités sont transcendées et quand la pensée concrète et la sensibilité intuitive sont synthétisées. La méditation n'est pas le sommeil, mais on peut enregistrer des ondes "alpha" émises par le cerveau, lorsqu'une personne médite. Il faut fixer son attention sur un point pour ne pas laisser le mental vagabonder, et acquérir ainsi la force du mental maîtrisé et une sagesse intérieure.

Quand vous ne faites qu'Un avec l'acte de méditer et la méditation, en un millième de seconde, vous êtes au centre de vous-même, immobile, conscient et unifié. Vous entrez alors en résonance avec toutes les dimensions de conscience par l'axe interne qui les relie.

5. Conditions idéales pour la méditation

• Le lieu

Choisissez un lieu tranquille, une pièce ou un endroit dans lequel vous pouvez revenir tous les jours et qui ne sert qu'à cela. Si cela n'est pas possible, utilisez votre chambre à coucher. Ce lieu doit être agréable, bien chauffé et bien aéré. Vous pouvez faire brûler un peu d'encens si vous le désirez, mais n'en abusez pas.

La décoration doit être sobre et ne doit pas vous distraire. Ne mettez pas de musique pendant que vous méditez. Prévoyez un coussin réservé à cette activité. Placez un cristal qui sera programmé uniquement pour vous accompagner dans votre voyage intérieur. Essayez de ne pas déplacer votre coussin ainsi que votre cristal, de manière à stabiliser votre lieu de méditation et à maintenir une vibration favorable à votre travail.

• La posture

Vous pouvez méditer à genoux, en tailleur, en lotus ou sur une chaise. Le plus important est que la colonne vertébrale soit bien droite. Il y a quelques méditations que vous pouvez faire allongé, mais il est difficile de résister au sommeil... Ne pratiquez pas l'estomac plein, attendez d'avoir digéré un peu avant de méditer.

• L'heure

L'heure idéale est juste avant le lever du soleil et au coucher du soleil ; ou bien, pour les puristes, très tôt le matin, vers 4 h, quand les énergies de la terre recommencent à s'élever. Mais, quel que soit l'heure, c'est toujours le moment de méditer, donc faites-le quand vous pouvez.

6. La visualisation

C'est une technique très puissante qui est un des principaux outils de la méditation. Visualiser, c'est créer une image mentale qui sert de support à votre travail intérieur.

La force de l'esprit a quelquefois un pouvoir de transformation immédiat sur la matière (parapsychologie). Mais par contre, la force spirituelle d'un être humain a un pouvoir immédiat sur l'énergie, pour peu que l'intention soit claire et volontaire. Visualiser c'est "voir mentalement" quelque chose, c'est lui donner une existence dans l'énergie. Si vous répétez cette vision mentale, vous créez une réalité. On retrouve ce principe à l'origine des maladies psychosomatiques, par exemple. De même, une guérison est plus rapide si le malade se "voit" guéri.

Voici donc, selon une interprétation simplifiée des enseignements de la Science Unitaire de IJP. Appel-Guéry, comment pourrait-être envisagé par visualisation, la création d'une ligne de transfert, avec les réserves qu'il formule lui-même : "Il est bien entendu que ce processus évolue selon chaque instant cosmique donné. Il ne serait pas exact de répéter ces schémas simplifiés sans en percevoir, par voyance intérieure adaptée, toutes les nuances nécessaires pour accorder la théorie et la pratique avec le fonctionnement exact de la trame intra-universelle. C'est petit à petit, par l'étude sérieuse et l'expérience, que l'on parvient, en s'inscrivant dans le processus initiatique exact, à s'insérer dans une dimension opérative et véritablement rédemptrice permettant la jonction tellurico-cosmique en soi et pour l'univers."

Asseyez-vous dans un endroit calme. Prenez dans vos mains votre cristal de méditation que vous programmez mentalement pour qu'il favorise une amplification de vos visualisations. Fermez les yeux.

- Visualisez votre corps physique avec les différentes enveloppes auriques rayonnantes. Ce sont vos systèmes de perception et de "contrôle extérieur". Par exemple, vous pouvez "sentir" à distance à l'aide de ce rayonnement.

- Percevez votre corps physique avec le réseau de canaux éthériques qui le structure (méridiens) ainsi que les principaux centres et leur couleur. Ces centres sont reliés les uns aux autres par trois canaux dont un canal central qui constitue votre "axe interne". Insistez sur sa qualité de resserrement et sa finesse de canalisation.

- Visualisez le prolongement de cet axe interne en dessous et au-dessus du corps physique, ainsi que la polarisation du corps entre une "puissance" reliée au feu magnétique et à l'énergie tellurique et une "conscience" spirituelle reliée à la Lumière et au Verbe (vibration primordiale).

- Imaginez, au-dessus de votre corps physique, un centre de lumière spirituelle vers lequel vous canalisez une énergie d'amour. Ce centre est un relais entre votre corps et la dimension du Verbe. Les centres de conscience, situés au-dessus du corps physique, peuvent être visualisés au sommet de chaque enveloppe aurique mais, pour simplifier, visualisez seulement un relais au sommet de l'aura mentale à 1,50 m ou 2 m environ au-dessus du corps. Vous êtes relié à ce centre spirituel par votre "faisceau supérieur".

- Imaginez en dessous de vous une "plaque de contrôle" en métal sur laquelle vous êtes assis. Le métal a toujours été le matériau des cuirasses et des blindages, parce qu'il est plus dur que le corps biologique et qu'il peut encaisser les déflagrations de l'énergie explosive et brute.

- Visualisez un "axe inférieur" qui descend en dessous de vous jusqu'à 1 m de profondeur et qui resserre l'énergie de base avant qu'elle ne soit intégrée par le plan biologique.

- Percevez à la base de cet axe inférieur, à 1 m de profondeur environ, un système de contrôle de puissance (vous déléguez une partie de votre conscience mentale dans ce plan, et peu à peu ce contrôle va devenir une réalité). Il va synchroniser les énergies profondes de puissance, et les canaliser ensuite pour les intégrer sans que vous soyez perturbé par une quelconque saturation. C'est votre "système de contrôle inférieur".

L'ensemble de ces visualisations vous permettra de créer, à l'intérieur de vous, par des transmutations successives, votre "ligne de transfert" (figure 56).

II. CONTRÔLE ET TRANSFORMATION DES ÉMOTIONS NÉGATIVES

Asseyez-vous dans un endroit calme, seul ou en groupe, avec votre cristal de méditation habituel.

Après quelques minutes de relaxation, prenez conscience de vos cinq organes sensoriels : les oreilles, la langue, les yeux, le nez et la bouche. Prenez conscience également des cinq organes internes auxquels ils sont reliés.

Essayez de visualiser l'une après l'autre les relations de chaque organe sensoriel avec l'organe qui lui correspond. Les oreilles avec les reins, la langue avec le cœur, les yeux avec le foie, le nez avec les poumons, la bouche avec la rate (figure 57).

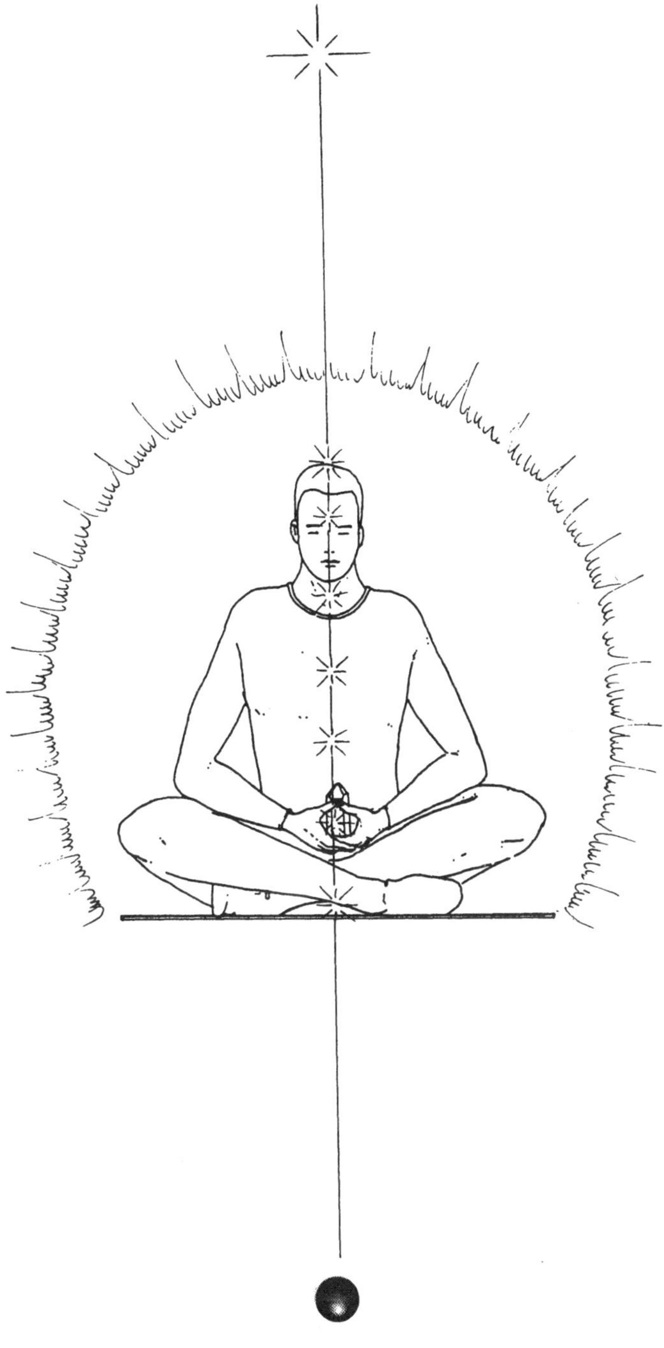

Figure 56 : visualisation de la ligne de transfert

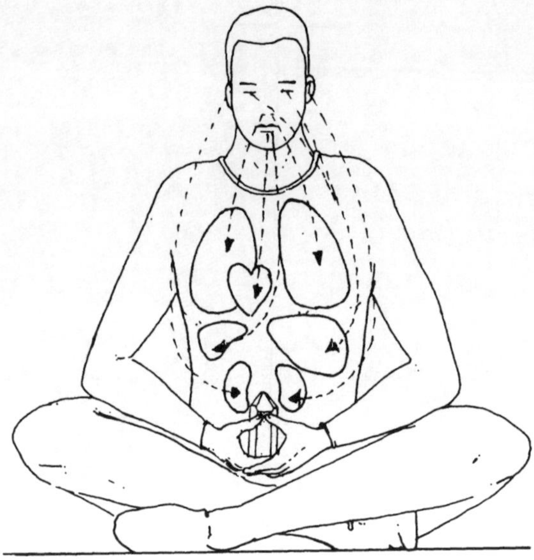

Figure 57 : visualisation de la relation organe sensoriel/organe et intériorisation de chaque sens dans l'organe qui lui correspond

Cette relation organe sensoriel/organe permet de réguler la manifestation d'énergie dont une perception sensorielle devient parfois le canal, et cela aide à réharmoniser et à contrôler par l'intérieur les émotions négatives grâce au cristal. Il est important de contrôler, de transformer ces émotions et de parer à leur expression souvent explosive.

Chaque organe sensoriel est relié à un organe principal :

• la langue est reliée au cœur. En prenant conscience de cette relation langue/cœur, vous renforcez votre paix intérieure et ainsi vous vous libérez de ces paroles futiles et méchantes qui souvent sont le germe des conflits futurs ;

• les yeux sont reliés au foie. La vision est peu à peu attirée à l'intérieur vers une clairvoyance quand on renforce cette relation œil/foie ;

• les oreilles sont reliées aux reins. En augmentant votre conscience de cette relation, vous augmentez votre écoute intérieure et votre perception de l'énergie ;

• le nez est relié aux poumons. Si vous réalisez la connexion entre le nez et les poumons, le sens de l'organe est intériorisé et vous développez un contrôle de ce sens ;

• la bouche est reliée à la rate. En développant cette relation bouche/rate, vous intériorisez le sens du goût et de l'appétit et apprenez ainsi à ne plus en être le jouet.*

Quand vous avez intériorisé chaque sens dans l'organe qui lui correspond, visualisez, en vous, au niveau de votre nombril, un gros cristal qui peut avoir l'apparence de celui que vous avez devant vous, ou bien celle d'un cristal idéal.

Vous créez votre cristal intérieur, très puissant, très vibrant, et complètement transparent. Après quelques minutes de concentration, connectez chaque organe avec ce cristal. Extrayez de chaque organe la charge émotionnelle négative et faites-la descendre dans le cristal.

En effet, chaque organe est le siège d'émotions particulières, positives et négatives, que chaque sens lui transmet. Ce n'est pas tant l'émotion qui nous importe, mais la charge d'énergie associée à cette émotion négative qui se bloque dans l'organe et cesse de circuler.

Cette cristallisation de l'énergie dans un organe interrompt le transfert global de votre être dans le champ cosmo-tellurique (les calculs rénaux ou biliaires sont des cristallisations typiques de ce type de blocage). Vous cessez d'être opératif, vous cessez d'évoluer, et votre organe saturé va se détériorer.

---

* *Certaines données de la connaissance taoïste traditionnelle sont extraites de "Fusion des Cinq Éléments" de Mantak Chia.*

• Les reins et la vessie sont reliés à une émotion positive qui est la gentillesse et aussi à des émotions négatives qui sont la crainte et le stress. Soyez à l'écoute de vos reins et faites descendre cette crainte dans le cristal que vous avez visualisé au niveau du nombril.

• Le cœur et l'intestin grêle sont reliés à l'amour, à la joie et à la compassion ; mais aussi à la haine, à l'orgueil, à l'impatience et à la cruauté. Devenez conscients de ces émotions négatives qui existent en vous et faites-les descendre dans le cristal que vous avez visualisé.

• Le foie et la vésicule biliaire sont en relation avec l'amabilité et la tolérance ; l'émotion négative dont il sont le centre, et dont vous pouvez vous libérer, est la colère. Rassemblez toute cette colère et descendez-la dans le cristal au niveau de votre nombril.

• Les poumons et le gros intestin correspondent à la droiture et au courage, mais l'émotion négative est la tristesse et la dépression que vous allez pouvoir reconcentrer au niveau du cristal intérieur.

• La rate, le pancréas et l'estomac sont reliés à l'ouverture et à l'honnêteté, mais aussi à l'inquiétude, à l'égoïsme et à l'anxiété. Faites sortir ces émotions négatives de la zone rate-pancréas et reconcentrez-les dans le gros cristal que vous avez visualisé au niveau du nombril.*

Ces émotions négatives – la peur, la haine, l'orgueil, la colère, la tristesse et l'égoïsme – peuvent être supprimées ou expulsées du corps par des systèmes de verrouillage physique ou psychologique ; mais dans l'univers rien ne disparaît vraiment, et pour éviter que cette négativité soit

** Les relations organes/émotions sont extraites de "Fusion des Cinq Éléments" de Mantak Chia.*

seulement déplacée et gêne quelqu'un d'autre, ou bien vous revienne, il est préférable de la transformer.

D'autre part, ces émotions transformées sont une somme d'énergie vitale fabuleuse, mais il ne faut pas laisser ces énergies devenir incontrôlables et déclencher d'autres émotions. Reconcentrez toutes ces émotions négatives dans votre cristal intérieur et mélangez-les en les transformant (figure 58).

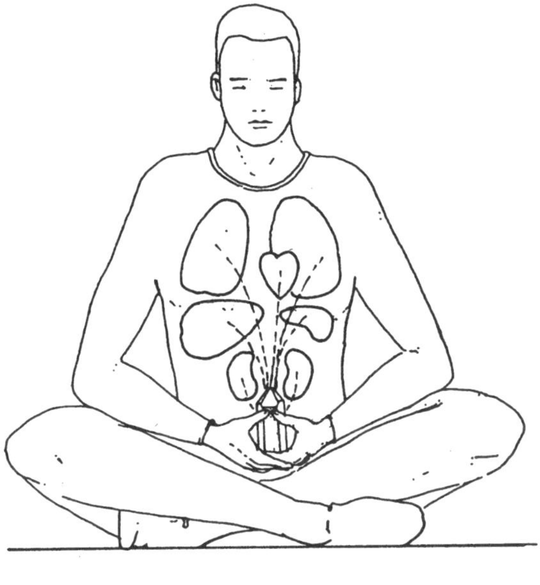

Figure 58 : reconcentration des énergies négatives dans le cristal intérieur pour les transformer

Peu à peu elles s'annulent les unes les autres et leur friction les neutralise. Votre cristal intérieur achève de transformer ces émotions en pure énergie. Vous pouvez activer ce processus en faisant descendre de votre cœur de l'amour et de la joie dont vous inondez votre cristal en le remerciant du travail qu'il opère sur vous.

Quand vous avez achevé la transformation de ces énergies négatives dans votre cristal interne, visualisez une ligne d'énergie spirituelle qui touche votre corps au niveau du centre coronal et qui descend à l'intérieur jusqu'à la pointe du cristal interne. Le long de cet axe que vous visualisez très brillant, très lumineux, l'énergie accumulée dans le cristal va achever de se transformer en s'affinant de plus en plus jusqu'au niveau supérieur. Et peu à peu cette énergie transformée va reconstruire votre faisceau supérieur ainsi que vos véhicules subtils.

III. ÉQUILIBRE DES HÉMISPHÈRES GAUCHE ET DROIT

• Contrôle de la dualité

Cet exercice va rééquilibrer votre énergie interne en assurant une réharmonisation entre l'hémisphère droit et l'hémisphère gauche du cerveau. (figure 59)

"Les êtres humains traitent les informations avec leurs deux hémisphères. On a pu déceler une activité simultanée dans l'hémisphère gauche qui gère le rationnel, l'analytique, ainsi que le discontinu et le temporel, et dans l'hémisphère droit qui, lui, gère le sensitif, l'intuitif, l'infini et l'intemporel. Mais les religions ou la moralité nous canalisent de manière préférentielle sur l'un ou l'autre hémisphère."*

Cela a divisé les humains depuis des milliers d'années dans de féroces et fanatiques affrontements :

- esprit contre corps
- religion contre science
- catholiques contre protestants
- communisme contre capitalisme
- homme contre femme

* *"Atlas de notre Cerveau" de Charles Hampden Turner.*

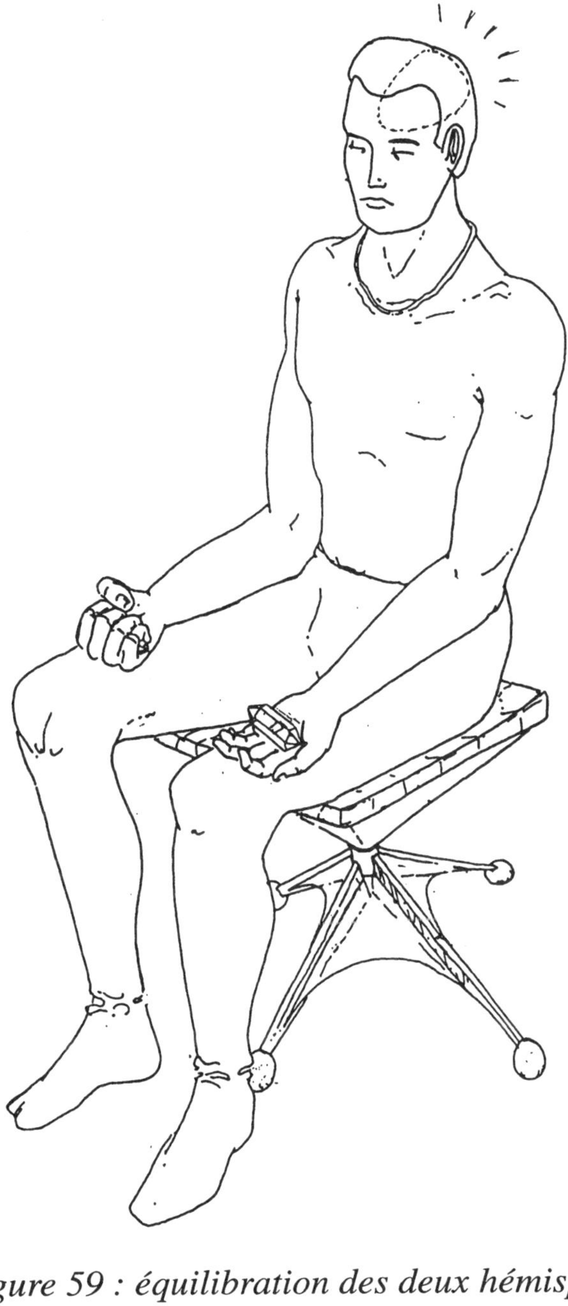

Figure 59 : équilibration des deux hémisphères

Se concentrer alternativement sur l'hémisphère gauche et l'hémisphère droit avec l'aide de deux cristaux biterminés

On constate que la conscience émerge de la synthèse des deux parties du cerveau, droite et gauche. C'est donc ce que nous allons réaliser et renforcer avec l'exercice suivant.

Asseyez-vous sur un siège. Prenez un cristal biterminé dans chaque main ou, si vous n'en avez pas, un cristal à simple pointe. Fermez la main gauche et la main droite alternativement en rythmant votre mouvement sur votre respiration et en visualisant l'hémisphère cérébral opposé. Quand vous inspirez, fermez la main gauche en serrant le cristal et concentrez-vous sur votre hémisphère droit, puis expirez. Ensuite inspirez de nouveau, fermez la main droite en serrant le cristal dans le même temps et ouvrez la main gauche ; concentrez-vous sur votre hémisphère gauche, puis expirez. Recommencez alternativement une vingtaine de fois avec douceur et avec un rythme souple.

Les cristaux communiquent leur bipolarité et accélèrent le processus. Vous sentirez très rapidement une immense impression de calme et d'équilibre s'installer en vous ; à ce moment, vous avez la possibilité de vous extraire du plan dualitaire, des antagonismes qui régentent notre monde formel ainsi que tout l'univers.

Vous pouvez reprendre contact avec le principe divin qui a présidé à la création. La voie d'accès au principe unitaire ne passe ni par l'un ni par l'autre des hémisphères, elle passe au centre, quand les oppositions dualitaires se sont équilibrées. C'est la voie du Juste Milieu du Tao, qui passe entre le yin et le yang sans jamais être dans l'un ou l'autre. L'unification des énergies au niveau du septième centre qui est en relais avec le principe unitaire ne peut se faire que si les canaux masculin et féminin (soleil-lune) ont été équilibrés au niveau du centre frontal.

IV. L'ŒUF AURIQUE

1. Exercice de purification de l'œuf aurique

Assis en cercle avec quelques amis dans un endroit calme, placez au centre votre cristal de méditation. Après quelques minutes de relaxation, prenez conscience de votre rayonnement vital à 2 cm du corps, puis de votre rayonnement éthérique à 17 cm, astral à 80 cm, et mental à 2 m. Visualisez l'œuf aurique autour de votre corps constitué de ses quatre enveloppes concentriques.

Ensuite, visualisez au niveau de votre cœur de très fins réseaux qui rayonnent autour de vous pour extraire les impuretés, les tensions et les condensations qui se sont accumulées dans votre champ aurique. Percevez ces fins canalicules qui repoussent à l'extérieur cette négativité, et qui rendent votre aura de plus en plus brillante. Faites descendre en dessous de vous les énergies qui sont trop denses et concentrez-les en une plaque de métal protectrice.

Quand vous sentez que le processus de purification de votre œuf aurique est suffisant, fusionnez votre œuf à ceux de vos amis et formez le grand œuf aurique du groupe. Visualisez une grande plaque de métal protectrice sous le groupe, avec au centre le cristal qui en est le cœur. À partir de ce cristal, faites partir les rayons de lumière intense qui achèvent de purifier et de clarifier les impuretés contenues dans l'œuf aurique ainsi qu'à son pourtour. Continuez à transformer toutes ces impuretés qui sont maintenant concentrées à la périphérie. Réintégrez ensuite ce rayonnement dans le cristal pour le transmuer peu à peu, le long de la ligne de contact qui relie le cristal, cœur du petit groupe, au plan spirituel qui vous veille (figure 60).

Figure 60 : visualisation de l'aura individuelle et de l'aura du groupe

2. Exercice de purification de l'aura de la Terre

Le début de cet exercice est le même que le précédent. C'est-à-dire : visualisation de l'œuf aurique personnel puis de l'œuf aurique du groupe avec le cristal comme centre et la plaque de métal protectrice en dessous.

Faites rayonner du cristal des rais de lumière qui neutralisent et transforment les condensations et les ténèbres se trouvant à l'extérieur de l'œuf ; puis, avec une émission très fine comme un vent caressant, pensez à vos amis, parents et proches, sans vous arrêter sur eux, contactez seulement leur niveau spirituel.

Faites une salutation d'esprit à esprit comme lorsque vous pensez à quelqu'un, puis, après quelques minutes, pensez à vos ennemis et personnes avec lesquelles vous avez des oppositions ou des conflits. Pour les amis comme pour les ennemis, ne vous arrêtez pas au détail de la relation. Juste un survol rapide mais avec l'énergie purificatrice et transformatrice émise par le cristal au centre de l'œuf aurique du groupe.

Ensuite, faites passer le vent de pensée avec lequel vous avez effleuré vos proches et moins proches, sur toutes les personnes de votre pays, puis du monde entier qui œuvrent dans la même direction que vous, c'est-à-dire pour une évolution de l'humanité, vers plus de beauté, de bonté et de vérité. Tous les groupes humains qui se réunissent pour prier ou méditer de par le monde s'orientent vers le même but. Visualisez rapidement l'ensemble spirituel que forment ces êtres. Puis, représentez-vous tous les humains indifférents à ce type de travail, qui peut-être le resteront toute leur vie, par manque d'informations, manque de temps, ou parce qu'ils ont d'autres priorités.

Effleurez-les avec le rayonnement du cristal. Ensuite, visualisez tous ces humains hostiles qui œuvrent consciemment contre l'évolution de l'humanité vers le Beau, le Bon et le Vrai, tous ceux pour qui l'évolution passe par la destruction et la refonte. C'est aussi une voie d'évolution, mais plus longue et plus douloureuse. Effleurez-les avec cette émission cristalline pacificatrice et transformatrice au niveau de leur esprit sans créer d'affrontement.

Enfin, visualisez l'œuf aurique de la terre, constitué en partie par la résultante de l'ensemble des auras de tous ces groupes humains, et faites agir votre émission sur toutes les pollutions et la ténèbre qu'il contient. Concentrez le rayonnement du cristal vers les zones les plus sombres, fragmentez peu à peu ces poches et clarifiez l'aura de la planète. Votre cristal va entrer en résonance avec la trame cristal (constituée de tous les cristaux qui existent sur la terre), pour augmenter le pouvoir transformateur de ce rayonnement.

Quand vous sentirez l'aura de la terre suffisamment purifiée, ramenez lentement votre extension rayonnante en passant de nouveau en revue chaque groupe humain, toujours au niveau spirituel... Puis, venant de chaque groupe, vous enregistrez une quintessence d'énergie, une petite lueur très fine que votre action a déclenchée. Réintégrez-la dans le cristal au centre de l'œuf.

Recentralisez cette quintessence des différents systèmes spirituels que vous avez contactés. Connectez le cristal au plan de votre esprit par un faisceau d'énergie vibrale. La quintessence que vous avez ramenée de votre voyage sur l'extérieur continue de se transformer dans le cristal, s'affine de plus en plus dans le faisceau de contact et se réintègre dans le plan unitaire.

Votre action va peu à peu réactiver le programme d'évolution qui est latent dans chaque être humain. Beaucoup de gens disent tout le temps : "Je suis si petit que je ne peux rien faire devant les horreurs de l'actualité télévisée." Au travers de ces paroles, ils s'invalident, ils se diminuent, et cette pseudo-modestie leur offre une voie d'esquive pour ne pas affronter le problème de leur limitation et de la médiocrité de notre situation humaine.

Nous sommes grands, puissants, et notre force spirituelle peut transformer le monde uniquement parce que nous le voulons, à moins que notre doute nous empêche même d'y penser. CAR NOUS SOMMES LES ARTISANS DE NOTRE DESTIN DÈS QUE NOUS CESSONS D'EN ÊTRE LES VICTIMES.

V. MÉDITATION SUR LES CINQ ÉLÉMENTS

Dans un endroit calme et dégagé, en haut d'une colline ou dans une clairière dans la forêt, choisissez un lieu où vous allez tracer sur le sol une rose des vents, c'est-à-dire une étoile à quatre branches dont l'une est orientée au nord. Sélectionnez cinq cristaux selon votre sensibilité et placez-les de façon à relier :

- le premier à la terre et à l'est,
- le second à l'eau et au nord,
- le troisième au feu et au sud,
- le quatrième au vent et à l'ouest,
- et le dernier à la lumière ; il représente la verticalité.

Placez un cristal à chaque point cardinal, la pointe dirigée vers le centre. Asseyez-vous face au nord et prenez le cinquième cristal biterminé en dirigeant la polarité yang vers le haut, pour marquer la verticalité de votre axe interne (figure 61).

Figure 61 : méditation sur les cinq éléments reliés aux cinq directions

• Concentrez-vous d'abord sur le cristal de l'est, relié à la terre, et communiquez avec lui, rentrez dans sa structure et mettez-vous en résonance avec la trame cristalline de la planète, puis avec le plan minéral. Visualisez ces milliards de tonnes de roches et de minéraux qui constituent la couche externe de la planète, puis la totalité de la matière minérale de l'univers, toutes les planètes qui constituent le plan minéral. Décelez le principe de densité et de condensation de l'énergie. Mettez votre structure osseuse en résonance avec cet univers minéral et sentez que vous ne faites qu'un avec lui, qu'il n'y a pas de disjonction entre ce minéral et le carbonate de calcium de votre structure osseuse.

• Concentrez-vous ensuite sur le cristal du nord, relié à l'eau, et communiez avec toutes les gouttes de vapeur d'eau qui étaient présentes dans les poches de gaz où les cristaux se sont formés, sans lesquelles il n'y aurait jamais eu de cristaux. Communiez avec les sources thermales qui jaillissent de ces couches profondes, avec les rivières, les fleuves, les océans. Visualisez cet élément où l'énergie de la matière se fluidifie et où les molécules glissent les unes sur les autres. Prenez conscience que si l'eau est omniprésente sur terre, c'est une denrée très rare dans l'univers. Puis percevez votre système sanguin, lymphatique, etc., et les 70 % d'eau dont nous sommes constitués. Constatez la parfaite corrélation qui existe entre notre liquide et le liquide de la planète et de l'univers.

• Concentrez-vous ensuite sur le cristal du sud, relié au feu, et sentez comment tous les feux et les incendies font partie d'un seul et même élément. Visualisez la lave en fusion et les couches profondes visqueuses de notre planète qui sont la matrice du cristal. Représentez-vous ensuite ce feu interne sans lequel aucun cristal n'aurait jamais vu le jour et qui se met en résonance avec les feux internes de toutes les planètes et de toutes les étoiles de l'univers. Imaginez enfin votre feu vital, votre combustion qui dégage chaleur et énergie et concevez votre complète intégration dans le processus du feu transformateur.

• Concentrez-vous sur le cristal de l'ouest, relié à l'air et au gaz. Prenez conscience que sans une poche de gaz, le cristal ne peut pas se développer. C'est un état de la matière où il n'y a plus de densité et où les atomes circulent librement, plus encore que dans l'eau. C'est la matière primaire de l'univers avant qu'elle ne se densifie à cause du magnétisme.

Visualisez tous les corps célestes qui sont encore gazeux, tous les nuages de particules, toutes les atmosphères de gaz divers. Prenez conscience de l'air qui est en vous et qui véhicule le principe de vie, et de l'oxygène qui s'échange dans vos alvéoles pulmonaires avec le gaz carbonique. Réalisez l'alchimie interne qui s'opère au niveau de votre poitrine entre votre matière, votre sang, votre feu vital et votre air dans les poumons.

• Concentrez-vous enfin sur le cristal que vous tenez et qui est relié à l'axe interne, à la lumière et à l'éther. C'est un état sublimé de la matière où le niveau vibratoire des particules est si élevé qu'il se rapproche de la frontière luminique. Au-delà de cette frontière, l'énergie ne s'appelle plus matière. Prenez conscience de vos différents corps d'énergie avec leurs enveloppes et de l'axe interne qui vous relie à la source de toutes les créations. Visualisez l'ensemble des véhicules d'énergie, les véhicules incarnés sur cette planète qui s'appellent les humains et ceux de toutes les planètes de l'univers. Réalisez l'unité qui préexiste à toutes ces manifestations et le niveau d'énergie spirituel qui leur est commun.

VI. DYNAMISATION DES CENTRES VITAUX

Asseyez-vous dans un endroit calme et dégagé, seul ou avec quelques amis. Adoptez une posture de méditation confortable, le dos droit et le menton parallèle au sol. Entrez peu à peu dans une relaxation profonde, intériorisez-vous en vous concentrant sur votre respiration. Dynamisez l'un après l'autre les principaux centres énergétiques de votre corps (vos chakras), à l'aide de votre visualisation et de votre cristal. Prenez un cristal biterminé de préférence. Ces cristaux nous enseignent qu'il est possible de se développer à la fois vers l'esprit et vers la matière. Cette merveilleuse habilité qu'ils ont de développer de chaque côté une pyramide parfaite, symbolise l'intégration de plusieurs dimensions dans une seule forme.

1. Concentration sur le centre de base

Prenez le cristal biterminé dans votre main droite et présentez-le verticalement, devant votre corps, à environ 7 cm, au niveau du centre de base. En même temps, les yeux fermés, visualisez les interactions qui se jouent entre le cristal et votre corps d'énergie éthérique. Concentrez-vous sur la couleur grenat, et émettez à voix haute ou mentalement la note do... Poursuivez votre méditation pendant quelques minutes sur la nature de ce centre.

Il est gouverné par Saturne et Pluton et il est relié à l'élément terre. Ce centre est appelé aussi chakra racine. Il se situe au niveau du périnée, entre l'anus et le sexe.

Une évolution spirituelle passe évidemment par une modification de ce centre. Il est la base de cette évolution et représente la manifestation de la conscience individuelle dans la forme humaine : c'est la naissance physique.

Une méditation prolongée vous apportera la vigueur, une bonne résistance aux maladies, la vitalité et la compréhension de la pureté intérieure.

2. Concentration sur le centre sacré

Élevez doucement le cristal verticalement jusqu'au deuxième centre, appelé aussi centre sacré car il correspond à la zone du sacrum. Placez donc le cristal verticalement, polarité yin toujours vers la terre, face à un point situé à 4 cm en dessous du nombril. Là aussi, visualisez les interactions du cristal sur votre système énergétique. Concentrez-vous sur la couleur orange et sur la note ré... Poursuivez votre méditation sur la nature de ce centre.

Il est relié à l'élément eau et il est gouverné par la planète Jupiter. C'est le centre moteur du corps physique, il a une relation directe avec le fonctionnement de la sexualité.

Une méditation prolongée sur ce centre amènera progressivement en vous la possibilité d'utiliser votre énergie créatrice à travers un art renforcé et une relation pure avec autrui, en vous libérant peu à peu de la colère, de l'envie, de l'insatisfaction et de la jalousie.

3. Concentration sur le centre solaire

Élevez encore le cristal progressivement en maintenant la même position devant le centre solaire, le plexus solaire. Entre les centres, élevez le cristal verticalement. Il va dénouer d'éventuels blocages qui empêchent l'énergie de passer entre les centres. Visualisez les interactions entre le cristal et le centre solaire, et concentrez-vous sur la note mi... et sur la couleur jaune.

Poursuivez votre méditation sur la nature du centre solaire. Ce centre est dominé par l'élément feu et la planète qui le gouverne est Mars. C'est donc l'affirmation de soi, le développement de l'*ego* et de son identité dans le monde. Une personne dominée par le troisième chakra sera en quête de pouvoir personnel et de célébrité.

Une méditation prolongée développera la possibilité de commander et d'organiser, ainsi que la maîtrise du discours et de l'expression d'idées. Le moyen d'équilibrer ce centre est d'exercer son altruisme et de pratiquer bénévolement le service aux autres. Chacun doit déterminer la finalité de telle ou telle action afin de réaliser un équilibre dans sa vie.

4. Concentration sur le centre cardiaque

Élevez le cristal à la hauteur du cœur, au milieu de la poitrine, toujours verticalement (figure 62). Le passage du diaphragme est toujours l'objet d'une profonde respiration et d'un rafraîchissement intérieur. Visualisez les interactions qui se créent entre le cristal et votre corps d'énergie. Concentrez-vous sur la note fa... et sur la couleur verte.

Figure 62 : dynamisation des centres vitaux

Poursuivez votre méditation sur la nature du centre cardiaque. Son élément est l'air et il est réglé par la planète Vénus. Il est symbolisé par l'étoile à six branches, c'est-à-dire deux triangles opposés évoquant l'équilibre entre les forces qui montent et celles qui descendent, entre le yin et le yang. Ce centre est celui de l'amour et de l'harmonie.

Une méditation prolongée sur ce centre permettra d'augmenter force intérieure et sagesse car tous les sens sont contrôlés – une paix et un calme communicatifs se développent progressivement ainsi qu'une clarté de conscience.

5. Concentration sur le centre de la gorge

Élevez le cristal jusqu'au niveau de la gorge et sentez votre énergie réactivée par le cristal biterminé proche de votre corps. Le centre laryngé est relié à la couleur bleu turquoise et il vibre sur la note sol...

Poursuivez votre méditation sur la nature du centre laryngé ; il est gouverné par la planète Mercure et son élément est l'éther. Ce centre donne accès à la maîtrise de la totalité de l'être et de la communication, et aussi à la clairaudience, à l'écoute intérieure.

Une méditation profonde amènera beaucoup de sérénité et de pureté ; quand le mental cesse d'être distrait par les sens et le monde extérieur, il peut accéder à la vraie connaissance.

6. Concentration sur le centre frontal

Élevez votre cristal biterminé devant le troisième œil entre les sourcils au niveau du centre frontal et, les yeux fermés, visualisez les interactions qui s'opèrent entre votre cristal et votre tête. Concentrez-vous sur la note la... ainsi que sur la couleur bleu-violet ou lilas.

Ce centre est gouverné par le soleil et la lune et son élément est la réunion des cinq éléments. Poursuivez votre méditation sur la nature du centre frontal. Celui-ci réalise l'équilibre entre les deux hémisphères cérébraux gauche et droit, et entre ces deux hémisphères et le cerveau reptilien. Il donne accès à la vision du "vrai". Peu à peu, la différence entre l'observateur et l'observé disparaît et tous les deux ne font plus qu'un.

Une méditation profonde amène un contrôle total sur le mental et la respiration, et génère une lumière intérieure. Toute dualité cesse à ce niveau. Le troisième œil est l'œil de la conscience. C'est le plan de la neutralité. Les deux yeux sont reliés à la lune et au soleil, de même les deux canaux droit et gauche se rejoignent, se terminent et s'équilibrent au niveau de ce centre, amenant l'idée de l'Un et d'unité avec les lois cosmiques.

7. Concentration sur le centre coronal

Élevez votre cristal verticalement devant votre centre coronal. Il n'est pas nécessaire de le mettre au-dessus de votre tête, car les énergies du sommet de la tête sont parfois très affinées et le cristal va les réactiver à distance sans qu'il soit besoin de les faire passer à travers le cristal.

Concentrez-vous sur le silence qui existe entre les sons et sur la couleur blanc doré qui n'en est pas une mais qui contient toutes les couleurs. Poursuivez votre méditation sur la nature de ce centre. L'énergie subtile remontant à l'intérieur de l'axe central sort par le sommet de la tête et régénère celle-ci. Ce centre assure la transition entre notre dimension et les autres dimensions et représente la septième note de la gamme, le si ; la note suivante, le do, appartient à l'octave supérieure.

Une méditation profonde sur ce centre conduira peu à peu à une dissolution de votre moi individuel inférieur et à une fusion avec le corps cosmique. En présence de ce plan cosmique chacun, s'il le désire, peut sentir le divin et donc le réaliser à l'intérieur de lui-même.

Il est important de rester à l'écoute de vous-même, de ne jamais forcer, et, au travers de votre expérimentation, de trouver votre rythme d'évolution.

Quand vous avez terminé la redynamisation des différents centres reliés les uns aux autres par le canal central, rassemblez vos deux mains, la droite sous la gauche, et posez-les sur vos jambes. Votre cristal se trouve dans le creux de vos mains, la pointe yang vers le haut.

Poursuivez par une méditation sur la nature transcendante des différents centres de conscience et sur les principes auxquels ils sont reliés dans une octave supérieure :

- le premier centre est relié au principe de l'ordre ;
- le deuxième centre est relié au principe de volonté ;
- le troisième au principe de sagesse ;
- le quatrième au principe de justice ;
- le cinquième au principe de patience ;
- le sixième au principe d'amour universel ;
- le septième au principe de conscience absolue.

Visualisez ce qui, dans votre vie, doit encore se conformer à ces principes. Dans une étape ultérieure de votre évolution, ces principes deviendront pour vous une réalité.

À propos de l'élévation de la kundalini et de l'éveil des centres, je voudrais citer A. A. Bailey dans son *Traité sur la Magie blanche* : "D'abord je déclare que nulle activité visant à éveiller les centres ne doit être entreprise tant qu'un novice est conscient de certaines impuretés dans sa vie, ni quand son corps physique est en mauvais état ou malade. Il ne faut pas davantage l'entreprendre si la pression des circonstances extérieures est telle qu'elle ne laisse point de place pour un effort calme et suivi. Il est essentiel de disposer d'heures de solitude et de liberté pour se livrer à cette activité dans le calme et la concentration sans interruption... Un sur mille novices est au point où il devrait commencer à travailler avec l'énergie de ces centres, et peut-être suis-je optimiste. Il vaut mieux, pour le novice, d'aimer, de servir, de se discipliner et de travailler en laissant ses centres se développer plus lentement et plus sûrement. Ils se développeront inévitablement, et plus la méthode sera lente et sûre, et plus elle réussira."

"Lorsque le feu sacré monte avant que la personnalité ne soit purifiée, cela provoque une destruction plus ou moins grave des tissus éthériques protégeant les centres entre eux, avec des difficultés prolongées dans la suite de l'évolution."*

Nous pouvons aussi garder en mémoire la conception de Sri Aurobindo qui considérait qu'il n'est plus temps d'illuminer ses centres avec l'énergie du feu comme l'ont fait nos pères : l'Énergie Supramentale qui se rapproche de l'humanité lui permet d'éveiller ses centres par le dessus, la transmutation étant beaucoup plus douce.

La dynamisation des différents centres, avec prise de conscience des natures positive et négative de chacun d'entre eux, ne constitue en aucun cas un yoga de la kundalini associé à des techniques de respiration spécifiques pour élever l'énergie du feu sacré dans le canal central. Cette dynamisation constitue la première étape qui

* *"Çakras et l'initiation" de Michel Coquet.*

est la purification et la mise en conformité de sa nature avec le plan spirituel. L'élévation de la kundalini, si elle doit se faire, se fera pour chacun à son propre rythme et sur les conseils d'un guide.

VII. ÉQUILIBRE ESPRIT-MATIÈRE

L'évolution de l'humanité a toujours été émaillée d'interventions visibles exceptionnelles comme la venue de prophètes, messies, fondateurs ou grands initiés. Ceci ne doit pas nous masquer les interventions invisibles constantes et beaucoup plus subtiles qui sont réalisées dans d'autres plans vibratoires par de nombreux êtres spirituels plus ou moins proches de notre plan d'incarnation.

Souvent nous demandons de l'aide à Dieu quand la traversée de nos épreuves paraît difficile, et nous recevons sans cesse une fécondation de notre personne par de très hautes vibrations. Notre esprit nous guide et nous informe si notre niveau de conscience est assez réceptif pour l'entendre. Sinon il réalimente sans cesse nos différents véhicules que notre inconscience désorganise.

L'énergie de création va du point-source vers la multiplicité. Les galaxies s'éloignent sans cesse les unes des autres, et nous vieillissons tous les jours. Tout l'univers obéit à la loi d'entropie. L'évolution spirituelle et intérieure va à contre-courant de cette expansion pour revenir à la source de la création. Aussi est-il normal et juste de renvoyer vers la source la quintessence, la partie la plus sublimée de notre énergie, pour alimenter une ligne de contact avec l'esprit. Mais il nous faut constater que 95 % de notre temps et de notre énergie sont occupés et consacrés à la gestion de la matière pour survivre, pour nous protéger, pour nous nourrir et pour notre plaisir. Chaque seconde de contact avec la matière dense et la gravitation fait chuter de niveau vibratoire notre Être d'énergie. Ce qui fait que d'année en année, l'idéal de la jeunesse s'estompe devant le fardeau des responsabilités.

Même si la nuit est propice pour se régénérer, et même si nous passons quelques minutes, quelques heures par jour à méditer ou à prier, très souvent le bilan du rapport entre esprit et matière, entre spiritualisation et matérialisation de notre existence, penche vers la matière et la condensation. Il faut dire que rien n'est fait sur ce monde pour nous aider à équilibrer ce bilan... Ce n'est donc pas une tâche facile de nous libérer du plan de l'incarnation.

On retrouve dans beaucoup de religions un élément commun : le syndrome de la faute – "l'homme est coupable" – "l'homme est sur cette planète pour payer, expier et souffrir". Ce faisant, on entérine cette situation et rien ne peut plus bouger. Et si d'aventure quelqu'un veut contredire ce diktat, on lui répond : "Regarde ce qui se passe !" Mais ce n'est pas vrai, et c'est aliénant de réduire ainsi l'expérience humaine à cette vision limitante. L'homme souffre et paye pour sa déconnexion d'avec son plan spirituel, pour son inconscience et son aveuglement de cet instant-là.

La loi de cause à effet joue pour une seule dimension à la fois : chaque dimension a sa loi de cause à effet. L'homme est multidimensionnel, il peut voyager d'un plan de vibration à un autre ; ce faisant, il quitte la ligne de destinée. À la seconde où l'humain se reconnecte à son esprit, les choses, les actions et les motifs ne sont plus les mêmes. Alors il cesse de souffrir sans comprendre, il cesse d'expier pour son aveuglement passé. Il commence à œuvrer et à connecter toutes les dimensions de son être. Il voyage du plus profond au plus élevé de lui-même, le long de son axe interne où règnent une paix et une harmonie que génère la vibration de l'esprit. Changez votre manière de voir et, d'un seul coup, ce n'est plus la même situation. Cette ouverture de conscience va vous offrir des solutions rapides à des problèmes qui paraissaient insolubles.

1. Exercice de remise en phase avec son programme

Habillé de vêtements amples, asseyez-vous dans un endroit calme et dégagé, seul ou avec des amis. Posez devant vous votre cristal de méditation. Parvenez à un état de profonde relaxation. Visualisez le cristal au niveau de votre nombril, au centre de vous-même, et recyclez dans le cristal intérieur toutes les distractions ou émotions diverses qui pourraient dévier votre concentration (figure 63).

Respirez calmement et suivez le trajet de l'air et de l'énergie qui descend dans votre cristal intérieur à l'expiration, puis jusqu'au périnée (centre de base) et qui, à l'inspiration, remonte jusqu'au chakra coronal au sommet de votre tête.

Après quelques dizaines de respirations/circulation d'énergie, visualisez le système de contrôle inférieur en dessous de vous et tout le champ d'énergie de puissance que ce système a et aura à gérer dans votre vie. Définissez son rôle futur dans le déploiement de vos activités et de votre carrière. Le travail de synchronisation et de filtrage que ce système de contrôle inférieur devra opérer pour votre corps physique sera de prédigérer les énergies pour qu'elles soient dignes d'être intégrées par votre esprit.

Figure 63 : visualisation du cristal au niveau du deuxième centre où l'on reconcentre l'attention à l'expiration

Vous êtes un canal par lequel beaucoup d'énergies vont passer durant votre vie humaine. Pour ne pas devenir un sac de poubelles, vous devez surveiller ce qui entre chez vous : matières, nourritures, impressions, idées, réseaux, argent, possessions, etc.

Après quelques minutes passées à reprogrammer vos systèmes de contrôle inférieur et extérieur, visualisez vos différents véhicules subtils : corps éthérique, corps astral, corps mental, corps causal et Esprit. Votre esprit vous relie à l'Absolu ou Dieu, à travers de nombreuses dimensions.

Ensuite, faites descendre, du plan spirituel, une ligne d'énergie vibrale invisible qui connecte le sommet de votre crâne, et programmez une respiration "spirituelle" où chaque inspiration réalise la jonction avec votre esprit. Élevez votre énergie avec amour, très finement, comme une offrande. Chaque expiration est une fécondation de votre nature physique par l'énergie spirituelle. Recevez cette énergie qui descend jusqu'à votre cristal intérieur. Elle réactive la transformation de vos émotions, et ainsi vos systèmes de contrôle, inférieur et extérieur, reçoivent des informations et une référence qualitative sur ce qu'ils doivent filtrer au contact des énergies de puissance.

Percevez l'ensemble de ce processus de transformation dont votre corps devient le canal. Vous vous sentez en équilibre, en jonction entre la terre et le ciel. Ce rôle de jonction, que l'homme doit assumer dans la grande chaîne des transformations d'énergie de l'univers, est double. En effet, l'être humain doit subtiliser la matière et son corps pour se réintégrer dans l'esprit, mais dans le même temps, il doit féconder la matière, *sa* matière, de son énergie spirituelle pour l'élever, et aider ainsi les autres et lui-même. À ce niveau, il y a de moins en moins de différences entre soi et les autres puisque, par résonance, chacun traite le champ d'énergie dans son ensemble.

Visualisez le cristal situé au milieu du groupe, qui résonne avec celui que vous avez créé au centre de vous-même. Percevez vos compagnons engagés dans la même méditation et sentez à cet instant la perméabilité de votre enveloppe charnelle qui est baignée par l'énergie. Vous constaterez que c'est l'ensemble du plan qui se transfère.

2. Précisions sur le concept de transfert

Chaque respiration, chaque pulsation d'une roche, d'une plante et d'un être animé, animal ou humain, est un transfert d'énergie dans un biosystème. À ce titre, l'homme est un transféreur par essence, puisqu'il participe à l'univers qui l'entoure simplement en échangeant des gaz, des liquides et des matières, avec une transformation biochimique qui perpétue sa structure dans le temps.

Bien sûr, le transfert interdimensionnel intervient sur la trame de ce transfert automatique et instinctif. La conscience réalise la jonction entre le processus et sa finalité, et permet ainsi à l'énergie, ou plutôt à la quintessence de cette énergie, de sortir de la volute matérielle et du cycle des transformations de la planète pour évoluer vers l'Esprit. Le mental est l'interface qui permet cette jonction.

Il y a sûrement des moyens de réaliser cette jonction dans votre vie et avec votre activité. Essayez de les découvrir et de les programmer pour le présent et le futur.

VIII. CRÉATION D'UN CRISTAL DE TRANSFERT

Asseyez-vous avec quelques amis en plaçant un cristal au centre du groupe. Établissez un contact avec le cristal et sentez une énergie fraîche et cristalline qui purifie votre être, libérant votre corps et votre aura des tensions qui s'y sont accumulées. Quand vous êtes assez purifié, délimitez votre rayonnement aurique. Puis unifiez-vous en esprit à vos compagnons pour former un groupe cohérent (figure 64).

Fluidifiez-vous et dirigez vers le bas de votre corps, à l'aide de vos mains, tout ce qui vous paraît trop dense. Faites descendre lentement vos mains depuis votre tête, comme si elles appuyaient à plat sur quelque chose qui résiste un peu. Dégagez-vous de ces énergies trop lourdes et rassemblez-les sous vos pieds en baissant vos mains à plat jusqu'au sol.

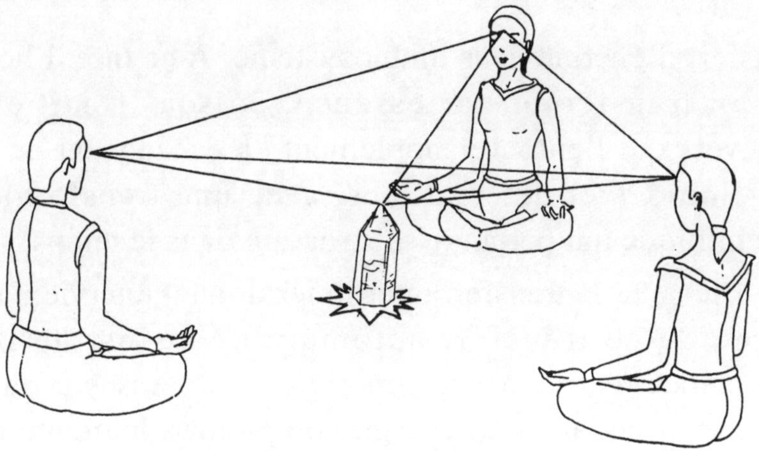

Figure 64 : première phase
mise en place du contact entre vous et avec le cristal

Orientez ensuite votre concentration en dessous du groupe et visualisez sous le cristal situé au centre, à une profondeur de 2 à 3 cm, une correspondance de celui-ci dans un plan de puissance. Représentez-vous une sorte de cristal presque métallique qui recentralise et contrôle toutes les énergies de puissance de chacune des personnes présentes. En effet, vous concevez que dans les plans de puissance, l'énergie est brute, basale et violente parfois. Ce système de contrôle inférieur est commun à l'ensemble du groupe (figure 65), et il va filtrer les énergies de puissance et les synchroniser avant qu'elles ne contactent votre corps. Visualisez donc une ligne qui relie la base de votre corps à ce système de contrôle.

Une partie de ces énergies de puissance va retourner à la masse, mais une autre partie, la plus fine, la plus intégrable, va pouvoir se transformer peu à peu dans votre corps au cours de la méditation. Ensuite, concentrez-vous de nouveau à l'intérieur de vous-même, au niveau du troisième œil, et percevez un plan vibratoire supérieur.

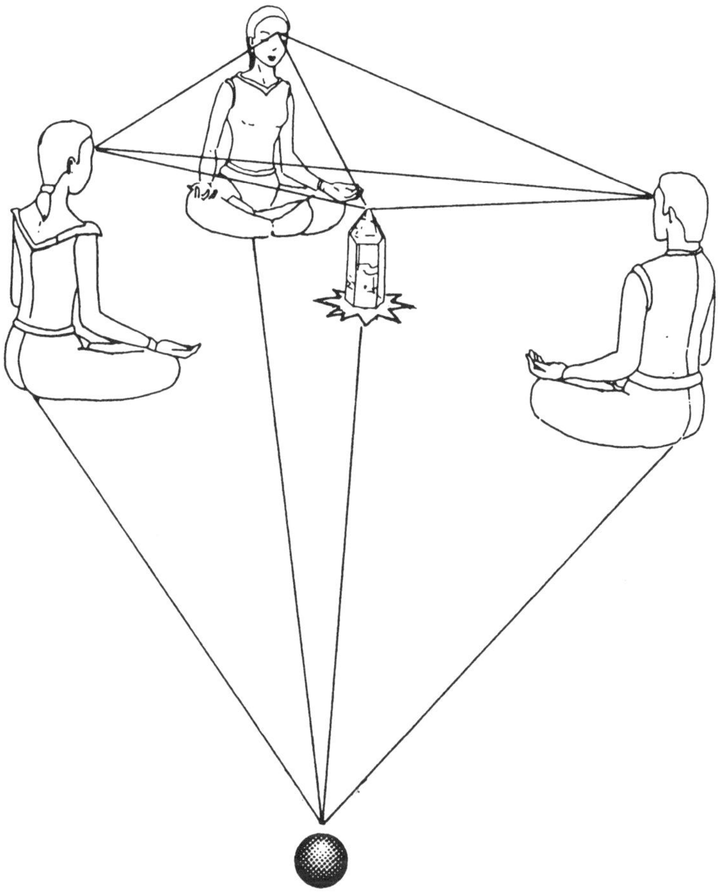

Figure 65 : deuxième phase
visualisation du système de contrôle inférieur

Établissez le contact avec ce plan spirituel, et visualisez, jusqu'à votre crâne, un faisceau d'une lumière intense et douce qui vous y relie. Peu à peu, cette lumière inonde votre tête puis votre corps et en active le taux vibratoire, jusqu'au cœur de toutes les particules subatomiques. Chaque particule touchée par cette lumière poursuit ses interactions et achève de transformer la totalité de votre nature. Cette énergie lumineuse vous féconde et vous donne une perception aiguë de ce qui est intégrable par le plan spirituel et de ce qui doit retourner à la terre pour se retransformer. Laissez rayonner dans vos cœurs le cristal qui est au centre et visualisez le groupe comme un grand cristal.

Faites circuler une énergie vibrante à travers toute votre ligne interne. Sentez cette vibration comme un nectar qui alimente votre fleur subtile. En cet instant, vous pouvez devenir une étincelle de pure énergie qui se réintègre dans votre être spirituel, relais entre cette forme et le créateur.

Percevez la force et l'intensité cosmique qui émanent de votre esprit. Cette force pourra vous aider, dans votre vie sur ce plan, à réaliser l'unification de ce qui est en bas avec ce qui est en haut. Unifiez votre désir avec celui de vos amis pour créer au-dessus un vaisseau d'énergie spirituelle commun, qui est la correspondance, dans un plan supérieur, du cristal situé au centre. Visualisez maintenant l'axe interdimensionnel que vous avez tous créé au centre du groupe : cristal inférieur, cristal formel et cristal spirituel. Prenez conscience des résonances qui s'établissent avec la trame énergétique qui relie toutes les hiérarchies et toutes les dimensions. En effet, vous venez de créer, avec vos amis, un grand cristal de transfert (figure 66).

Faites émaner du cristal une vibration de communion et d'unification vers tous ceux qui, dans le monde, tiennent déjà un pôle de contact avec l'Esprit. Dirigez aussi cette vibration pour illuminer tous ceux qui cherchent cette communication avec les dimensions cosmiques.

Peu à peu, reprenez conscience de l'environnement qui vous entoure en essayant de garder le contact avec ce monde d'énergie pure vibrant à l'intérieur de vous. À force

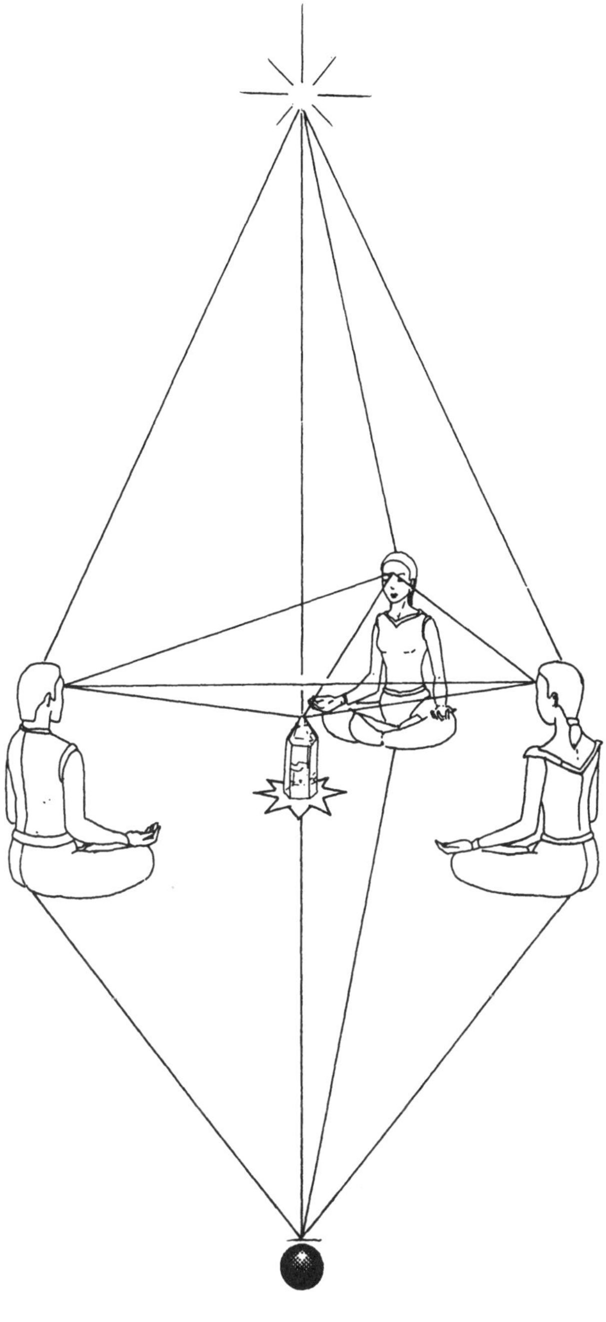

Figure 66 : troisième phase
visualisation du système spirituel
et constitution du cristal de transfert

de pratique, vous allez créer autour, en dessous et au-dessus de vous, un système de conscience interdimensionnel qui va contrôler, transformer et réintégrer toutes vos énergies. Ainsi, votre contact avec le divin se précise. Protégez votre lieu de méditation ainsi que le cristal avec lequel vous travaillez.

Le cristal va être programmé pour ce travail intérieur. Il ne doit donc pas être utilisé ou touché inconsciemment. En votre absence, entre deux séances, le lieu de méditation continue de maintenir la vibration du contact, et le cristal reste en résonance avec ces plans de conscience des dimensions supérieures.

IX. L'ALCHIMIE SPIRITUELLE

Chaque être humain a les pieds sur terre et la tête dans le ciel. Ainsi il est polarisé entre sa puissance et sa conscience. Sa puissance comprend de nombreuses dimensions plus ou moins profondes. De même, sa conscience est constituée de nombreux plans plus ou moins élevés. Chaque être humain se développe dans les deux sens.

Le nouveau-né ne peut rien faire seul et ne se rappelle plus rien du monde d'où il vient. On peut dire d'une certaine façon que sa conscience et sa puissance sont réduites à la plus simple expression de ses fonctions physiologiques. Mais peut-être pas ! Car déjà ses facultés d'adaptation commencent à fonctionner et ses neurones créent des synapses à une vitesse exponentielle.

Puis sa capacité de capter l'environnement lui offre le pouvoir de faire, avec sa force vitale, les premiers gestes, les premiers pas ; ensuite, on ne peut plus l'arrêter. Avec une curiosité enfiévrée, l'enfant veut tout expérimenter, du moins ce que sa conscience appréhende. Cette conscience qu'il développe va contrôler son pouvoir grandissant et pousser celui-ci jusqu'à certaines limites : la douleur (le feu brûle...) et l'interdit.

Chez l'humain évolué en quête d'absolu, le processus est identique. Sa conscience est proportionnelle à sa puissance. C'est ce qui devrait se passer normalement, mais on assiste à une rupture dans la continuité du processus chez la plupart des gens.

Soit l'être humain se coupe de sa puissance et il se consacre à l'esprit, mais, étant donné que la loi des polarités joue automatiquement, en s'élevant vers l'esprit, il soulève en correspondance un système de puissance qu'il ne contrôle pas – puisqu'il en est coupé – et qu'il est obligé de verrouiller au niveau du plexus solaire, avec tous les inconvénients que cela implique : énergies profondes mal gérées et mal transformées qui s'accumulent en dessous de son système et qui un jour explosent dans un excès de fanatisme ou d'intolérance. Soit l'être humain plonge vers la puissance, l'argent, la matière et le pouvoir. Et le poids de son arrimage va peu à peu le déconnecter de sa conscience, au risque de le matérialiser de plus en plus.

Mais si on veut être à la fois en contact avec l'esprit, évoluer dans la direction d'une réalisation de plus en plus sublimée, et être en relation avec le monde de la puissance, de l'argent et du pouvoir, cela demande beaucoup plus de travail ; cependant le résultat est prodigieux. L'être humain peut devenir le canal de transformation entre la puissance et la conscience et créer en lui une alchimie spirituelle dont il est l'athanor, et grâce à laquelle il peut transférer sa nature. Il va sublimer sa matière en esprit et féconder cette matière avec sa conscience.

Méditation de jonction Terre-Ciel

Faites quelques respirations calmes, en redressant votre corps. Asseyez-vous en tailleur, seul ou avec des amis, dans un endroit calme. Placez devant vous une bougie allumée et votre cristal de méditation (figure 67).

La flamme résonne avec la vie profonde de votre être, et le cristal avec la transparence de votre âme. Ceci permettra à votre esprit supérieur d'émettre un rayon de conscience dans votre direction.

Fermez les yeux et rentrez dans votre monde intérieur en visualisant la flamme de la bougie qui vous permet de brûler et de transformer toutes les impuretés vous empêchant de devenir calme et transparent comme le cristal. Visualisez cette flamme au niveau du deuxième chakra, à 4 cm en dessous du nombril, comme une puissance rouge, ardente et pulsante. Puis progressivement, élevez son énergie par un fin canal qui monte vers le cœur où se trouve le cristal épuré de l'âme.

Faites doucement pénétrer la lumière de la flamme transmuée dans le cristal qui s'illumine alors de l'intérieur en rayonnant sa lumière d'amour bienfaisante jusqu'à un mètre de votre corps.

Ensuite, élevez de la pointe supérieure du cristal un faisceau vibral invisible qui monte vers le sommet de votre tête, pour purifier vos pensées et éveiller votre mental concret à des dimensions de conscience supérieures. Ainsi, vous épurez vos pensées et vous transformez vos courants d'énergie par votre vibration intérieure ravivée.

Maintenant, faites redescendre à l'intérieur de vous

Figure 67 : méditation de jonction Terre-Ciel

des rayons bleus émis à partir d'une dimension supérieure pour recentraliser vos courants d'énergie et les harmoniser.

Ces rayons descendent à travers votre tête, puis tout votre corps, jusqu'à 10 cm en dessous de vous. Vous créez ainsi un disque bleu métallisé sur lequel vous êtes posé.

Quand vous êtes bien stabilisé sur ce disque bleu, vous maintenez ce contrôle tout en réalimentant une circulation énergétique très fine entre votre cœur et votre tête. Ce disque est une sorte de filtre pour les énergies de puissance qui passent à travers ce contrôle, avant de s'enregistrer dans votre corps.

C'est ce contrôle qui vous permet à la fois de mesurer la quantité et la qualité de ces énergies et de les canaliser. Essayez d'accorder votre conscience humaine à la conscience de votre esprit supérieur.

Mettez-vous à l'écoute de cette dimension qui vous guide afin de percevoir la volonté de votre esprit. Essayez de capter les éléments de votre vie quotidienne que vous devriez transformer pour accorder votre existence à votre conscience supérieure. Terminez en mettant votre nature totale en résonance avec la communion de paix et d'harmonie qui unit les êtres aimants de la divine présence.*

X. LA SCIENCE UNITAIRE ET LE CRISTAL

Je laisse ici la parole à IJP. Appel-Guéry. Son ouvrage, *La Science Unitaire de l'Intra-Univers*, est un recueil d'informations qu'il a reçues télépathiquement pendant plusieurs années. Il nous révèle, entre autres, ce que devrait être LE JUSTE RAPPORT ENTRE L'HUMAIN ET LE CRISTAL :

"Lorsqu'un cristal a été créé sur une zone, il y a une consonance énergétique qui a été faite à cet endroit et dans un temps donné entre la création et le créateur par l'intermédiaire de cette créature qui est ce minéral. Si une autre créature, une personne, intervient sur ce système d'énergie créé, et le transporte dans un autre endroit, ceci peut être acceptable à la seule condition que cette personne soit suffisamment connectée avec la dimension supérieure qui a présidé à cette formalisation pour qu'elle mette le système de rapport entre la création et la créature dans une situation qui soit plus efficace que la situation originelle.

Si ce n'est pas le cas, si une personne déplace un cristal sans avoir conscience des éléments qui jouent sur ce type d'opération, elle se trouve chargée du poids de transfert de la puissance qui était accrochée à ce cristal. Si

** Extrait de "Préscience" n° 1 - Méditation de Didier Thibaudeau.*

cette personne, qui est intervenue sur le faisceau de conscience agissant sur cette formalisation, n'est pas en mesure de représenter cette conscience, elle risque de devoir affronter un plan de force qui va la déborder au risque de la détruire.

À cette époque, où on déplace avec beaucoup de facilité des cristaux d'un endroit à un autre, il y a une méconnaissance de ce que l'on fait. Si ces instruments ne sont pas utilisés d'une manière très programmée, très unifiée à une conscience supérieure, les personnes qui œuvrent d'une manière déconnectée risquent de se retrouver karmiquement en dessous de ces cristaux, dans un système de matière et de mort, parce que, en réalité, le déplacement de ces cristaux ne se justifie pas par une réelle évolution.

En effet, c'est une involution si ces cristaux sont placés dans des zones où ils vont traiter des choses pour lesquelles ils ne sont pas faits, ce qui va déclencher des déplacements d'énergie plus néfastes que positifs pour le créateur de cette formalisation..." *

Quand vous utilisez des cristaux, gardez en tête que ce sont des instruments connectés avec l'archétype créateur et reliés à une puissance profonde. Le travail que vous opérez avec votre cristal implique pour vous une conscience plus aiguë du rapport entre les dimensions pour permettre la CONSTITUTION DE VOTRE VÉHICULE D'IMMORTALITÉ :

Vous devez d'abord pour cela créer une ligne de transfert qui inclut toutes les dimensions de l'énergie, du tellurique au cosmique : noyau magnétique, matière minérale, feu, métal, cristal, substance physique, relais

---

* *Extrait d'une conférence de IJP. Appel-Guéry (juin 1992).*

d'énergie éthérique, astrale, mentale et spirituelle lumière, Verbe et Unité Interne.

- "Le cristal est relié à la lumière par sa transparence et aussi au plan stellaire, donc à l'électricité.

- Notre corps physique, de par sa structure carbonienne et la teneur élevée en fer de notre sang, est relié au magnétisme.

- Le métal est extrait du minéral par le feu, et de même, l'homme doit extraire une certaine structure du corps substantiel par le feu vital pour renforcer son système éthérique.

- Le plan-lumière sert de jonction entre le monde spirituel et le monde formel.

Quand la conscience descend vers des plans de condensation, le système substantiel est plus ou moins transparent à cette lumière. Et si le corps de l'homme n'a pas effectué une transformation des puissances et un travail de mutation des circuits d'énergie qui sont entre le corps et son noyau de condensation, le contrat d'insertion avec le système d'Unité Interne ne peut pas être mis en place ; car il faut, dans le corps physique, un réceptacle subtil qui va permettre de recevoir le corps de lumière et de stabiliser les autres corps.

C'est l'élaboration d'une trame éthérique qui est la retranscription de la trame de la matière-cristal par la transmutation du corps physique. Sans la présence de cette trame renforcée au niveau éthérique, le véhicule de lumière ne descend pas dans le véhicule subtil car il y a trop de risques qu'il soit aspiré par le plan de la puissance. Celui qui veut opérer avec le cristal doit aussi maîtriser le métal. Ce métal maîtrisé lui donne la fermeté et la structure nécessaires pour réaliser ce renforcement éthérique.

Si la corrélation avec la dimension interne et le plan de puissance est établie, il n'est pas sûr que l'Unité Interne accepte que les contrôles de transfert soient signés jusque dans le plan de la matière et de la mort. Il faut qu'il y ait eu une maîtrise des plans de la mort avant que les signaux de l'Unité réalisent cette jonction.

Pour l'intégration, la masse de puissance peut être plus importante que le corps de l'Unité Interne. Mais quand le corps de lumière est descendu, il faut que le rapport d'énergie entre le système-lumière et l'Unité Interne soit plus important que la masse qui est accrochée en dessous." *

Alors que le corps d'immortalité peut s'élaborer au rythme des mutations qui s'opèrent grâce à la jonction réalisée par l'Unité Interne, il se crée une sorte de cristal intérieur, structure-support d'une énergie vibrale interne très fluide qui pourra ainsi perdurer après la disparition du corps physique.

L'immortalité, mythe qui a hanté les rêves les plus secrets des humains, est-elle une possibilité réservée à ceux qui la conquièrent ? Ou une finalité automatique pour tout être incarné ? Ou encore une imposture des religions pour endormir les masses ?

Chacun trouve la réponse qui correspond à sa certitude... de l'instant. Mais une chose est certaine, notre passage sur cette planète est vraiment très court, quelques dizaines d'années, ce qui, comparé aux cycles astronomiques, est très peu.

* *"La Science Unitaire de l'Intra-Univers" de IJP. Appel-Guéry.*

Pour beaucoup d'entre nous, la mort reste un grand mystère lié à l'angoissante question de l'après-vie et donc au pourquoi de cette existence. À la lumière des récentes études faites par de nombreux psychologues, écrivains ou médecins (Raymond Moody, Helen Wambach, Patrice Van Eersel, Elisabeth Kübler-Ross...), nous avons quelques éléments de réponse.

Les expériences proches de la mort qu'ils relatent ont un point commun. Toutes les personnes qui sont mortes cliniquement et qui ont vécu les cinq phases du voyage jusqu'à l'être de lumière ou l'océan de vibration et d'amour, reviennent transformées et, quelquefois, leur maladie en phase terminale est complètement guérie ; ils ont un dynamisme, un enthousiasme, ou une mission... qui devrait nous faire réfléchir. Eux savent ce qu'il y a juste après et ont plus ou moins compris le sens de cette vie. Et ils reviennent s'activer pour préparer la suite.

Il y a donc une suite... à préparer...

CONCLUSION

Le processus de sensibilisation au monde du cristal ainsi que l'utilisation des cristaux, ne sont qu'une première étape vers une transformation intérieure plus profonde et plus complète.

Ce serait se tromper soi-même que de croire qu'il suffit de posséder des cristaux et de devenir sensible à leur champ d'énergie pour avancer sur la voie de la transmutation.

C'est seulement le commencement !

Il vous suffit d'abandonner une croyance, ou un projet, ou d'avoir un nouvel espoir pour que soit automatiquement modifiée la programmation de votre futur. Au début, c'est insensible. Mais le léger infléchissement opéré par votre mental vous conduira dans un autre endroit avec d'autres personnes, quelques années plus tard.

C'est pourquoi le futur est toujours une possibilité. Nos pensées, nos croyances, nos processus inconscients impriment, seconde après seconde, ce qui nous arrive.

Vous pouvez créer votre vie comme vous la voulez, elle n'est pas "écrite".

Si vous changez quelque chose en vous, vous modifiez ce qui va arriver, car le futur est déterminé par votre volonté que quelque chose se fasse.

En cette époque charnière, de nombreux prophètes catastrophistes prédisent des fins du monde et des cataclysmes. Ne prêtez pas attention aux êtres qui attisent la peur. Il est relativement aisé pour eux de percevoir la ligne de force établie depuis longtemps dans la conscience collective et de faire des prédictions faciles.

Certains événements paraissent inévitables parce que des populations entières sont impliquées et qu'un point de non-retour semble avoir été dépassé : nous ressentons un sentiment d'impuissance devant cette "conjonction".

Par contre, un groupe de personnes peut intervenir sur cette ligne de force et, par une volonté coordonnée, en modifier l'évolution. Et quand un effet de seuil est atteint, ce groupe peut complètement changer le déroulement de l'événement, le dévier ou le stopper.

Vous pouvez œuvrer avec votre cristal et vos connaissances pour l'avènement d'un monde meilleur, et cela se fera ! Simplement parce que vous le voulez. Agissez consciemment et joignez-vous à des amis qui font de même pour amplifier votre action.

BONNE CHANCE !

Si cet ouvrage vous a intéressé, les dates de conférences et de stages animés par l'auteur pourront vous être communiqués.

REMERCIEMENTS...

Ma reconnaissance va à IJP. Appel-Guéry ainsi qu'à tous mes amis et amies de ces vingt années de recherche et d'aventure spirituelle.

J'aimerais ensuite remercier toutes les personnes qui, par leur gentillesse et leur patience, m'ont aidé à réaliser ce livre.

L'illustration de couverture est due au talent de Bernard Hugueville.

Les illustrations intérieures ont été réalisées par Vincent Curien, Marc Bati et Reda Bargach.

Et je vous remercie aussi, cher lecteur, de m'avoir accompagné au long de ces quelques heures de voyage.

BIBLIOGRAPHIE

- *Atlas de notre Cerveau* - Charles Hampden Turner (les Éditions d'organisation)
- *Çakras et l'Initiation* - Michel Coquet (Dervy)
- *Chakras* - Harish Johari (Destiny)
- *Cristal de Vie* - Ra Bonewitz (Souffle d'Or)
- *Crystal Enlightment* - Katrina Raphaell (Aurora)
- *Crystal Book* - Dael (The Cristal Company)
- *Elex Électronique* - n° 52 - février 1993
- *Fusion des Cinq Éléments* - Mantak Chia (Trédaniel)
- *Hatha-Yoga Pradipika* - Yogi Swatmarama (Om Lotus Publishing Company)
- *La Grande Encyclopédie des Minéraux* - Rudolf Duda et Lubos Rejl (Gründ)
- *La Santé par les Pierres* - Daya Sarai Chocron (Yva Peyret)
- *La Source noire* - Patrice Van Eersel (Grasset)
- *La Vie après la Vie* - Raymond Moody (Laffont)
- *L'Être humain, une Symphonie inachevée* - Dr Dominique Bourdin (chez l'auteur - 22 bis, rue du Moulin - 80480 Vers-sur-Selle)
- *Les Traditions celtiques* - Robert Ambelain (Dangles)

- *Maison entre Ciel et Terre* - Jean-Charles Fabre (Arista)
- *Mysticisme et Physique nouvelle* - Michael Talbot (Science et Conscience)
- *Physique et Philosophie* - Werner Heisenberg (Albin Michel)
- *Physique microvibratoire et Forces invisibles* - A. de Belizal et P. A. Morel (Desforges)
- *Préscience* - (Transtar)
- *Radiation des Aliments* - André Simoneton (Courrier du Livre)
- *Science Unitaire de l'Intra-Univers* - IJP. Appel-Guéry (Transtar) par correspondance - B.P. 7 - 41130 Gièvres
- *Tao de la Physique* - Fritjof Capra (Sand)
- *The Complete Cristal Book* - Uma Silbey (U. Read Publication)
- *Traité sur la Magie blanche* - A. A. Bailey (Lucis)
- *Une Nouvelle Science de la Vie* - Rupert Sheldrake (Éd. du Rocher)

TABLE DES MATIÈRES

Quatrième chapitre :
THÉRAPIE DE L'HABITAT

Cinquième chapitre :
MÉDITATION AVEC LE CRISTAL